LOCUS

LOCUS

LOCUS

LOCUS

from

vision

from 86 教育理想國

Education Nation

作者：陳明德 Milton Chen
譯者：楊琦、許恬寧
責任編輯：黃威仁
美術編輯：蔡怡欣
校對：黃定康
法律顧問：全理法律事務所董安丹律師
出版者：大塊文化出版股份有限公司
台北市105南京東路四段25號11樓
www.locuspublishing.com
讀者服務專線：**0800-006689**
TEL：(02) 87123898　FAX：(02) 87123897
郵撥帳號：18955675　　戶名：大塊文化出版股份有限公司

總經銷：大和書報圖書股份有限公司
地址：新北市新莊區五工五路2號
TEL：(02) 89902588 (代表號)　　FAX：(02) 22901658
製版：瑞豐實業股份有限公司
初版一刷：2012年11月

定價：新台幣350元
Printed in Taiwan

Education Nation
教育理想國

陳明德 Milton Chen 著
楊琦、許恬寧 譯

目次

謝辭

本書的內容主要是談我近年來在「教育理想國」（Edutopia.org）工作上見識到、也最喜愛的故事。它們都是教育理想國記錄校園創新做法的過程中蒐羅到的最佳案例。我最先要感謝喬治・盧卡斯教育基金會（The George Lucas Educational Foundation，簡稱ＧＬＥＦ）的許多優秀同事，他們爲教育理想國網站與雜誌提供了振奮人心的內容，包括負責編務與網頁製作的編輯總監大衛・馬可斯（David Markus）與吉姆・戴利（Jim Daley）、記錄片執行製作肯・艾里斯（Ken Ellis）、網站開發總監卡爾・喬（Cal Joy），以及我們新任的執行總監辛蒂・約翰森（Cindy Johanson）。作爲一個由電影製作人創設的基金會，ＧＬＥＦ的長處在於製作記錄片以描繪課堂中創新的樣貌。這些影片配有解釋性的文章、專訪、資料來源。我在本書中舉的許多案例都與這些影片有關；理解案例最好的方式就是觀察教師與學生的實際互動情況。

我同時要對GLEF的董事會致謝，包括喬治・盧卡斯、史帝夫・阿諾德（Steve Arnold）、蜜雪琳・趙（Micheline Chau）、金・梅若迪（Kim Meredith）、凱特・奈加德（Kate Nyegaard）與馬歇爾・特納（Marshall Turner）。因爲他們提供了這個獨特的組織與資源，我們才得以進行這個有創意的工作。我感謝他們提供我時間省思基金會的工作，並寫成這本書。

我也感謝艾米・波若伏（Amy Borovoy）、蘿莉・朱（Laurie Chu）與雪倫・莫洛松（Sharon Murotsune）等教育理想國的工作人員，協助我組織這本書中的照片影像等等。雪倫擔任我的執行助理三年多，聯繫並安排行程，以便我參訪記錄片所報導的學校及案例觀摩，訪談其中開創風潮的教育家。盧卡斯藝術公司（LucasArts）的天才藝術家格雷格・奈特（Greg Knight）爲「視野二〇二〇」繪了插畫。我也要謝謝傅爾布萊特新世紀學者計畫（Fulbright New Century Scholars）的同事，他們擴展了我的視野，讓我了解改革美國學校所遭遇到的許多議題其實是全球共通的。

幾位寶貴的同事閱讀了這本書的部分手稿，並提出許多改善的卓見：哈佛教育研究學院的克里斯多福・戴迪（Chritopher Dede）、范德比大學（Vanderbilt University）的泰德・哈塞布林（Ted Hasselbring）、國際K-12網路學習協會（編按：K-12指幼稚園至十二年級）

的蘇珊・派崔克（Susan Patrick），以上都是GLEF全國顧問委員會的成員；GLEF董事會的史帝夫・阿諾德；華盛頓大學的約翰・布蘭斯福德（John Bransford）與蘇珊・莫斯柏格（Susan Mosborg）、聖塔克拉拉大學的皮德洛・耶南德茲—拉莫斯（Pedro Hernández-Ramos）；舊金山州立大學的凱文・凱利（Kevin Kelly）；亞洲協會（Asia Society）的克里斯・里瓦卡利（Chris Livaccari）；奧勒岡州坎比學區（Canby School District）的喬・莫洛克(Joe Morelock)；加州埃斯孔迪多學區(Escondido School District)的凱西・雪莉(Kathy Shirley)。不過，有任何事實敘述錯誤都是我的責任。

這是我與喬西—巴斯出版社（Jossey-Bass）合作的第三本書，他們再度展現專業才幹，包括助理編輯凱特・蓋儂（Kate Gagnon）、製作編輯賈斯汀・佛雷姆（Justin Frahm）、行銷總監迪米・柏克納（Dimi Berkner）與發行人萊斯利・尤拉（Lesley Iura），我與他們合作非常愉快。從書本的設計、內容的組織到圖片的選擇，我們由好的想法開始，經由合作而變得更好，所秉持的二十一世紀技能也是我們希望學生能建立的。

內人蘿絲・柯克斯（Ruth Cox）一直是我的第一位與最誠實的讀者。她是舊金山州立大學科技教育團隊的一員，是將科技運用在高等教育上的專家。今年我們將慶祝銀婚。這二十五年來，她曾當過演員、心理學講師，並兼爲人母。我們的女兒瑪姬（Maggie）則要展開自己的事業了。我們夫妻甚至同天生日，這個統計學上的奇蹟顯示我們確實是天作之合。內人身爲教師、人母與夥伴，深知如何將「創新鋒面」運用在教育與生活中。我以滿心的愛意將本書獻給她。

推薦序

喬治·盧卡斯
喬治·盧卡斯教育基金會創辦人兼董事長

我並不特別喜歡在學校的日子。偶爾，才碰上一兩個老師能啓發我。長大以後，開始利用電腦科技透過影片說故事時，我開始想：「我們爲何不能運用這些新科技來改善教育程序？」

二十年前我們創設這個基金會時已經預見：不管你喜歡與否，數位科技將全面革新教育體系。科技幾乎已經改變了所有行業，包括我從事的電影製作與娛樂事業，現在它也正在改變教育。從今開始的二十年後，當所有學生人手一部電腦，教育體系運用科技的程度將更爲強大且廣泛。當知識的變化如此快速，再花一百五十美元（約台幣四千五百元）去買一本只會用十五週的教科書就沒有道理了。我們基金會的初衷即在展示如何最佳地運用這些新科技。

教育的目的：善用資訊

打從一開始我們就問：「什麼是學生最應該學的？」我們的答案聚焦在資訊的三種運用上：我們希望學生知道如何**尋找**資訊、如何**評估**資訊的品質，以及如何**有創意與有效地運用**資訊來達成目標。當我仍是學生時，資訊收藏在人人信賴的百科全書裡。但五十年後，當資訊貯存在某人的網頁中時，它是否正確或受人信賴就不得而知了。因此，在多樣化的資訊來源中，學生必須自行評估哪一筆最正確、實用。

接著，學生必須消化這些資訊，並且有創意地運用，不論是用來製作一個多媒體簡報，或設計射向月球的火箭。此時學校不能只要求學生吐出資訊，而應要求他們：「你能用這些資訊創造出什麼？」

社交情緒學習也變得十分重要。在今天的世界裡，光知道如何運用資訊已經不足。學生還必須學習如何合作、領導，與不同型態的人愉快共事。這些技巧是成功事業與文明社會的關鍵。學生必須學習如何成爲在情緒與心智上都有智慧的人。

老師是教練與智慧長者

教師在連結社交情緒與心智兩個層面上扮演關鍵角色，他們變成學生的嚮導、教練與智慧長者。教師運用了科技以後，將不再局限於站在課堂前提供資訊。這交給Google即可。現在他們可以花費更多時間培養與學生的個人關係，拍拍學生的背，直接叫他們的名字，鼓勵他們用功。如同柏拉圖或亞里斯多德，他們可以問學生：「你爲何認爲這是正確的？」這些事情是電腦永遠不可能做好的。在我的經驗裡，教育沒有任何事比老師眞正關心你的力量更強大。

年輕人正在構築改變教育之路

改變教育體制是一項要花好幾世代的長期挑戰。下一世代的年輕人將完全接受這樣的改變。他們已經掌握科技並隨身攜帶，而學校仍勉力追趕。在臉書（Facebook）上，美國的學生已在與中國、俄國孩子交談、比對筆記、合作計畫。他們知道，外面有一個大人仍不熟悉的眞實世界。他們正在覺悟：「我的小小世界已不再是我的小小世界了。」

今天的年輕人正在建構改變教育的路徑。我在我女兒身上就看到了差異，她們分別爲三十歲和二十一歲，有各自的語言和思考方式。小女兒生活在網路世界裡，她連結的現實顯然不同於大女兒和我：我們仍習慣看報紙上的電影時刻表！

科技的未來

數位科技的潛力無窮，我們才開始探索而已。未來將有新的教學資料傳送方式，包括所有相關與高品質的教科書、課程、記錄片與課堂教學。它將被分割成不同的範疇，以便學生與老師根據主題快速搜尋。它將收納美國國會圖書館、羅浮宮以及最好的大學等龐大知識寶庫，而且對學生、教師與父母都是安全的。

學校將獲益於擬眞科技的進展，讓教育變得更可負擔。在大學裡，醫科學生將可運用數位屍體擬眞人體。中學生將可使用更簡單的版本學習解剖學和生理學。學校使用的高階電腦輔助設計程式將協助學生摸擬在佛羅里達海灘上建造房子，並測試它是否能抵抗五級颶風。在學習過地理學、工程與科學後，最棒的就是能按下按鍵，看看結果是什麼。最能引起學生注意力的莫過於此了！

教育理想國的角色

在教育理想國，我們的工作是產生與傳播最具創意的教育環境的資訊，處理專題式學習、合作學習、科技整合、綜合評量的核心概念，以及教師如何落實這些做法。一開始，我們很快就發現許多好學校、好老師以及出類拔萃的學習環境，但它們少有人知，以致無法複製。

今天，社會共識正逐漸成形：科技與新的做法可以協助學生更快速、更享受地學習。我們希望教育理想國網站可以成爲教育工作者學習這些新做法的地方，並將它們付諸實現。我們的網站單元「好學校」（Schools That Work）提供了詳細的內容，協助廣泛的閱聽大衆，那些盼望子女有更好未來的父母，共同來改革我們的學校。

過去數年來，教育理想國見證了傑出學校及創意學習環境的快速增加。陳明德博士是我們基金會資深會員，擔任執行總裁十二年，他一直位居親睹這些創新發展的獨特制高點。他從教育理想國網站及其他來源的豐富收藏中挑選了最精采的案例，化爲這本書。他透過從早期在芝麻工作坊（Sesame Workshop）以來所培養的獨特個人觀點，在本書中娓娓道來許多故事，從他列舉的網站連結也可以目睹認眞的學生與老師教、學互動的過程。這本書將成爲打造二十一世紀優質學校的觀念寶庫。

我堅信，教育是人類唯一最重要的工作，也非常欣慰這本書將寶貴工具賦予教育家及許多其他人，以便他們改革教育體系。

前言

我的學習之旅

孩子們歡樂、快速並有創意的學習能力一直讓我艷羨驚嘆不已。我從青少年起就著迷於此，並且持續到這三十五年來投身設計、研究並宣揚教育媒體與科技事業。就如同MIT媒體實驗室的西摩・帕博（Seymour Papert），我一直相信這些工具，尤其是交在老師與父母的導引之手中，可以成爲「推動心智之輪」（wheels for the mind）。

我個人的學習之旅由紐約的芝麻工作坊開始，歷經舊金山的北加州公共媒體（KQED），到過去十二年來在舊金山灣區的喬治・盧卡斯教育基金會擔任執行總裁。如今回顧這段獨特的旅程，自覺僥倖。感謝目前正在中東、非洲、歐洲、亞洲與拉丁美洲各地播出的無數《芝麻街》（*Sesame Street*）節目，有時我會笑稱這個事業將我由全球最長的街道帶到亙古之前一個遙遠星系。這趟「學習之旅」形塑了我對教育定位以及教育未來走向的看法，因此我也開始和別人分享。

我的旅程由芝加哥城南的童年開始。我現在定居於舊金山，許多人聽說我來自芝加哥都很驚訝，因爲以前美國中西部少有亞洲家庭。一九四五年二次大戰甫結束，我父親陳文蘭隨一群採礦工程師到西維吉尼亞州與賓州研究煤礦，之後他留下，就讀賓州大學研究所。他與我母親徐淑民於一九四五年成婚，但最初四年分隔兩地，一九四九年母親才以音樂學生身分來美與他會合。

後來我對中國人在美國的歷史發生興趣，才驚訝地發現，他們先後來美的那五年，竟然是戰後中國人能自由來美國的唯一時期。一九四五年，中國與美國爲同盟國；一九四九年共產黨打贏了內戰，中國已成敵國。我在一九五三年出生，眞正是多變世局下歷史性中美關係的產物：父母穿過那一扇短暫打開的門來到美國，隨後又因它匆匆關上，被迫與在中國的家人分離，在美國中西部落戶定居。

數十年後母親告訴我，我那位從未見過的外祖母曾修習社會學，一九三〇年代即在一個小農村創設社區學習中心，教民衆識字，後來還引入一個叫作「收音機」的新科技，以電子的方式帶來外在世界的知識。我樂於想像我和外祖母共享教育創新的基因，並運用新方法教育有意學習的群衆。

我一向習於以社會正義的眼光看待教育，這可以回溯到我就讀的芝加哥最南端的一所種族融和小學：法蘭克・班奈特小學（Frank Bennett Elementary School）。我長大後得知班奈特是一位律師，二十世紀初擔任芝加哥市議員及教育委員會委員，一九二七年他死後兩年，這所新成立的學校以他爲名。收錄在本書第三百三十一頁的一張一九六一年全班合照顯示，班上一半是白人，一半是黑人，只有兩個黃種人，其中之一就是我。事實上，我的班級反映了班奈特小學原本全是白人學生的戲劇化轉變。

不過我們的學校已經融和。每當下課鐘敲過後，我以及白人同學一起步行過數個街廓回家，黑人同學則必須走得更遠，越過丹・雷恩高速公路才回到社區。融和的學校，分隔的社區。我十一歲那年父親決定搬到郊區以就讀更好的學校，一位鄰居特別來問是否有意把房子賣給黑人家庭。一九六〇年代我們家在蘿絲（Roseland）社區的種族融和上也出力不少。一九八〇年代這個社區則有一位社會工作者叫巴拉克・歐巴馬（Barack Obama）。

我早早就中了創意學習的病毒。那可能是在高中時期，炎炎夏日我在芝加哥附近一個森林保留區內的基督教青年會（YMCA）營區擔任輔導員，那是我的第一份工作。在多次野外行程中，我帶一群十二歲孩子健行、生營火、烤熱狗、在溪中捕魚，每個人都生氣勃勃，對所有蟲魚鳥獸花草樹木都有無窮的好奇心。

一九七〇年秋天我進了對的大學，卻是因爲錯誤的理由。我念哈佛大學，模模糊糊地認爲將來要當公益律師，也許專注於教育議題，例如取消種族隔離及學生案底記錄。

二年級時我開始擔任校園中的教育與法律中心研究助理。中心的負責人是一個名叫瑪麗安・萊特・艾德曼（Marian Wright Edelman）的年輕民權律師，她後來是勇敢且聲譽卓著的兒童防護基金（Children's Defense Fund）創辦人。

那一年我在一篇美籍華裔新聞通訊中看到報導，說兒童電視坊（Children's Television Workshop）有意將其顧問小組多元化。《芝麻街》已於一九六八年開播，建立了廣大的知名度，它的創辦人瓊安・庫妮（Joan Cooney）以及節目中個子最高的角色大鳥（Big Bird）登上《時代》雜誌的封面。這個富有創意，以融入布偶、多種族角色、音樂、動畫與影片等方式，將核心課程內容呈現給學齡前兒童的節目，讓我和數百萬兒童、家長一般深受震撼。我在高中時就拜讀了《時代》那篇文章，甚至根據它擬了一篇講稿，參加一項以大眾傳播媒體在教育中的新角色爲主題的演講比賽。我想不出任何比親身參與這個全國現象更令我興奮的事了。

身爲大學二年級生，我實在不夠格擔任顧問，但還是寫信給庫妮。出乎我意料，她竟然回信了，說我很幸運（直至今日，我都會設法回覆每一個寫信給我的學生）。《芝麻街》的主要課程顧問是哈佛大學教育與心理學教授傑若德・萊瑟（Gerald Lesser）博士，與我在同一校園內，庫妮建議我應該去和他談談話。當時萊瑟是少數有興趣運用電視來教學的學者。從第一次見面開始，這位一貫穿著網球鞋、寬大燈芯絨長褲，有本事以通俗言詞說明兒童早期發展的哈佛大學教授，就讓我解除了心防。他的這項特長在說服電視作家與演員由兒童的觀點來了解節目上也發揮了很大作用。

《芝麻街》三位製作人之一的山姆・吉彭（Sam Gibbon）回憶早期的課程研討會：

> 傑瑞（傑若德暱稱）走進會議室，裡面一屋子來自全國各地、習於捍衛自己領域的灰鬍學者……他馬上脫下外套、解開領帶、捲起袖子，一一介紹每一位與會者及他們的專長。屋子裡常常有六十個人，他卻能夠絲毫無誤地直呼姓名，介紹每一人，展現高超的記憶力。他會說，職稱頭銜都不重要，「任何好點子都跟其他好點子一樣重要，不論它來自何處」。

我在十九歲的稚嫩年紀，與傑瑞、閱讀專家柯特妮・卡茲頓（Courtney Cazden）博士及一小群研究生共事，開始觀察兒童怎麼收看《芝麻街》、《電力公司》（*The Electric Company*）等節目，研究他們如何由一個社會不看好有教育價值的媒體中吸收知識。他們由《芝麻街》學會了文字、數字及形狀的概念，迅速而熱切地分類。部分「專家」曾質疑，連幼稚園老師都很難當面教會數字，一個電視課程如何教學齡前兒童由一數到十？今天，《芝麻街》的課程能教他們由一數到四十。

《芝麻街》是過去四十年來教育創新過程中最先也最大的改變者。短短數年內，《芝麻街》由庫妮眼中的一抹靈光變成美國公共電視網每天播出的節目，吸引了數百萬學齡前兒童。它的成本效益非常高，平均每一節目每個兒童的成本只有數美分，那樣的規模與衝擊即使在今天多重頻道的網路時代，仍令教育政策制定者艷羨不已。

我大學主修社會研究，一九七四年大四時著手寫作榮譽論文，主題是經濟、法規及文化因素對兒童電視節目品質的影響，指導老師是時任哈佛講師的吉彭。那時候我的興趣就是媒體作爲教育工具的未來走向。我寫道：「在商業電視網的黃金時代，我們未來的利益在於科技創新的蓬勃發展與善加運用……有線電視、開放的頻道、家戶影音功能與影音卡帶……供家戶與學校使用的可攜式攝影機、或全像攝影電視……電視將成爲有超過一百個頻道的雙向溝通系統，由包括兒童在內的不同團體使用，而這些團體可製作自己的節目並彼此溝通。」

好吧，我錯了！不只一百個頻道，我們也還在等待全像攝影電視，但我至少預見到兒童自己使用科技，並藉以敘述自己的故事。我由哈佛畢業後，獲得一個旅行獎助，得以首次出國，研究計畫是考察英國廣播公司（ＢＢＣ）與其他歐洲公共廣播集團的兒童節目。

我一九七六年加入芝麻工作坊，被派在公共事務部，工作內容包括撰寫新聞稿、新聞背景資料，偶爾也必須回覆觀衆來信。我們收到許多有趣的信，有一封是一位男子痛批《芝麻街》竟然對學齡前兒童的幼嫩心靈灌輸錯誤觀念，讓他們以爲兩個男人可以共宿一室，即使不同床。我們想到回他一封短信：「親愛的先生，柏特(Bert)與厄尼(Ernie)不是人類，它們是玩偶。」那一年秋天我調到研究部門，協助研發《芝麻街》的科學預科部分，以及一個新科學節目《3-2-1 Contact》。

往後我幾個工作上的轉折，包括參加史丹佛大學一個傳播研究課程、在哈佛教育研究學院短暫任教。我的博士論文主題是研究舊金山灣區的高中男、女學生使用電腦的差異。在一九八〇年代初期，電腦多爲龐大的桌上型，或連結主機電腦的終端機，少數「微電腦」才剛開始出現在教室，用來處理文字或玩遊戲。我的調查發現，無論科學或電腦程式，男、女生運用電腦輔助學習並未造成成績上的差異，但女生較少選修這些課程。針對先期暴露、前輩指導以及社會氛圍的差異如何影響男、女生使用電腦，我的研究帶來了早期成果。

我在教育媒體與科技這一行工作了超過三十年，拓展以兒童爲中心的學習與參與的機會和環境，其中包括在KQED擔任教育督導十年、在GLEF擔任執行總裁十二年。一路走來，我有幸認識許多有創意的教育者與媒體專業人士，有機會向他們學習或共事。他們之中有些非常知名，例如庫妮、佛萊德・羅傑斯（Fred Rogers）和喬治・盧卡斯。其他更多則任職於中學、大學、課後計畫、基金會與非營利組織等等。

而現在我們已身處多頻道的網路世界，只要學習者準備好，全世界的知識隨時隨地都可信手拈來。這個學習新世界只會更深入、豐富、易於進入，並提供新的形式與環境。看看過去三年網路的發展，以及YouTube、臉書、推特（Twitter）的崛起等等，你可以想像下一個十年會有何種變化。就在學校仍勞神苦思究竟要拒絕或接受新媒體時，一些教育者與學生正以網路的速度在移動。他們學習以Ning架設網站以分享教學經驗，設立wikispaces將實體教室擴大到網路世界中，在課後或週末假日持續討論課堂上的議題，不致中斷。而學生也即時運用臉書、推特、簡訊等彼此協助明天要交的作業。

網際網路將各種工具交到我們的指尖，現在當學生再好不過，當老師也正逢其時。但為了讓更多老師與學生掌握這些機會，有賴全國各地的團體與個人結合起來，提倡一種非常不同的學校，完全不同於我們當年讀過，或許多學校改革計畫中所規畫的學校。我們需要一個運動。

每當喬治・盧卡斯被問到「教育理想國的目標對象是誰」，他總是回答：「所有想改善教育的人。」透過每天將學習變成一種更投入與享受的經驗，每一個教育者（老師、校長、學校董事）、家長與學生都可以成為這個運動的一分子。而每一個在企業、社區組織、大學校院或基金會的教育提倡者也都能將現在可能發生的事「想得更大」，並與所屬團體分享洞見，不同的團體則應結合彼此的努力。

我希望這本書能成爲這個運動的許多手冊之一。過去十年來「教育理想國」的工作已介紹了一批努力改革的人，他們經常獨自或以小團體的方式，在各自社區中推動學習方式的革命。我在每一場教育研討會中都看到他們的存在，尤其在聚焦於科技的研討會中。這些來自各州的改革者各有不同背景，從二十出頭的新手老師到拒絕退休的長者，從音樂人到科學家，從幼教老師到大學教授，甚至學生本身。他們共同擁抱創造學習新世界的熱情，而這個學習新世界的實現也唯賴合作及重新定義學習何時、何地以及如何發生才有可能。

也許你自認已是這個運動的一分子，否則我邀請你加入。最簡單的方法就是在衆多的網路社群，如教育理想國、Classroom 2.0、Scholastic's TeacherShare 等等擇一加入。也有人利用臉書、Ning 等平台創設自己的網站。你很快就會體會到加入這個運動後令人振奮的第一課：你並不孤單。

導讀
教育國的遠見

我們必須重新研磨鏡片，以便觀察鋒面，我們事業的鋒面。這些鋒面蘊含豐富的價值創造機會。如果我們小心調整焦距，就能看到驚人的事物：這些鋒面將重塑核心，最後徹底改變核心。

——約翰・海格三世（John Hagel III）、約翰・希利・布朗（John Seely Brown）

想像一個「教育國」，在這個國度裡，兒童與成人教育是國家首要目標，與發達經濟、高度就業及國家安全並列，並以舉國的公、私資源挹注「教育之梯」，以便從學齡前到銀髮族不分年齡層的學習者使用。他們不但可以在高品質學校裡上課，也能受益於博物館、圖書館、教堂、青年團體、公園及媒體等提供的非正式學習經驗。

教育國的各界領袖，不只教育界，也包括企業界、體育界、娛樂界，都運用他們的影響力鼓吹學習對所有年齡層個人的價值。國民也把握所有機會終身學習。教育國爲產前的父母提供親子教育，就如同吉歐佛瑞・坎納達（Geoffrey Canada）的哈林兒童園區（Harlem Children's Zone）所提供的。各界領袖會強調健康身體對有生產力心智的重要性，就像美國第一夫人蜜雪兒・歐巴馬（Michelle Obama）發起「我們開始吧！」（Let's Move）運動，以對抗兒童肥胖。決策者將挺身對抗來自媒體及大眾的批評，就像部分州長及學區督察長所爲，確保這個十年內每一位學生都能掌握學習所需的數位工具。

雖然許多社會賢達、組織、委員會都已對以上教育國遠見的不同層面表示過意見，但美國仍未達教育國的境界。數百萬美國人民雖已爲自己及家人達成這個目標，但更多人則否。過去二十年來學校未能改革，中學畢業率及大學就讀率未能提升，已對國家的未來造成威脅。過時教育系統的各項統計數字瀰漫所有教育研討會。在令人沮喪的事實與數字中，我認爲以下三項最能清楚說明我們未能改善學校的罪狀：

1. 每五十個閱讀能力落後的一年級學童裡，有四十四個到四年級時仍然落後。
2. 每二十六秒鐘有一個高中生輟學，每一整天有六千個。
3. 三十年前，美國中學畢業生的程度排名第一，現在則是在二十三個工業國中排名第十八。①

從國防到環境保護，從國家安全到經濟安全，今天的每一項重大議題都有賴我們將民衆教育到比以前數個世代更高層次的能力。一個國家的教育系統有多好，它就有多好。在經濟持續不振之下，美國正逐漸領悟這個嚴酷的事實。

其他國家邁向這個理想的努力已經獲致若干進展。芬蘭、新加坡與南韓對於進用教師的篩選有非常嚴格的方法。在南韓，小學老師必須是大學入學考試得分前百分之五的。在新加坡，申請成爲老師的成功率只有百分之二十，而且他們受訓期間至少部分時間會獲發薪水。② 澳洲的中央與各省級首長正積極推動建設全國寬頻網路，並提供學生每人一部筆記型電腦。英國與加拿大則正在開發以課業表現爲基礎的評量系統，它的甄別能力遠優於多重選擇題考試。

創建教育國有什麼條件？首先，爲克服學校改革的障礙，我們必須有更大的政治決心。其次，家庭與社區的文化價値也必須改變。我們還必須將目前四散在全國各學校或學習場所的教育創新量化擴大。過去數十年來，這些創新陸續出現在我們學校系統的邊陲地帶，並逐漸增加。當這麼多種的邊陲漸次合流並包圍甚至占領核心後，教育國就誕生了。

將邊陲置於教育中

有一陣子我一再重複強調，我們必須將邊陲置入教育中，並塑造教與學是刺激、當代而且很酷的觀念。教育作爲社會最重要的工程，必須走在最尖端，領先社會、科技與文化，而非在後苦苦追趕。《芝麻街》和《電力公司》就把學習變得流行。歐巴馬總統也同樣呼籲這樣的文化轉變，宣布我們希望學生都認爲「聰明是很酷的」。

不過，學校是一個大型的官僚體系，建基於政治、維持現狀及每日例行公事。學年度是九個月長的儀式，以學期、假日、春假及漫長暑假分割。由於我們太強調年度考試，每年春季學期幾乎都消耗在準備考試上。雖然過去十年來科技已爲全球帶來快速的變化，其他國家也正在對學校進行重大的改革，美國的學校卻仍慢條斯理，渾然不知今夕何夕。

我們的學校似乎從不會發生地震般的事件（我的意思當然不是希望舊金山這裡再發生地震）。如果你要列舉形容詞來描述美國的學校，坐立不安不會是其中之一。

一九九六年三月九日的「網路日」（NetDay）是學校體系受到震撼的少數幾個例子之一。當時企業界、爲人父母者及社區團體自發組織起來，推動校園連結網際網路。這個運動的創始人之一，時任微系統（Microsystems）科技長、現任職柯伯高拜（Kleiner

Perkins Caufield & Byers）投資公司的約翰・蓋吉（John Gage）曾經跟我說一個故事。全美國最大的學區洛杉磯統一學區聽說了「網路日」運動，想安排一些會議。蓋吉告訴他們，網路日只有一個規則：「不開會。」社區團體想要爲學校建構網路連線的一切所需，都可以在這個運動的官網 netday96.com 上找到。志工們只要在三月九日那一個星期六到學校去就可以了。當時的總統柯林頓與副總統高爾也在那一天現身灣區學校。一天之內，兩萬個志工爲加州百分之二十的學校建立了網路連線，電信公司共捐出兩千五百套連線設備。蓋吉提出一個令人振奮的新計畫：派出類似的小組到各學校去，評鑑校舍如何使用水與能源，並以這個「學校綠色評鑑」導引學生在他們每天上課的建築中學習節省能源。

但整體而言，將這些邊陲置入美國學校體系是非常困難的。若將全球的學校看成奧運比賽，美國將是教育怠惰的世界冠軍。部分原因在於我們分散化的制度，五十個州與超過一萬四千個學區非常抗拒大規模的改革。不是反諷，作爲科技與創新的世界領袖，美國卻因爲漠視它對於教育的所知而危及自己的未來。把美國放上國際比較，譬如國際學生評鑑計畫（ＰＩＳＡ），新加坡、芬蘭及韓國都表現優異，美國卻要步上頒獎台領取不光采的二流學校系統栽培獎，這個系統連自己國家的各種創新都無感免疫。

這項事實的最悲哀證明就在矽谷所在的舊金山灣區。大多數學校的運作方式彷彿來自三十年前的時光膠囊：一成不變的課程、行事曆，以及老師站在教室前方講授他們知道的事。事實上，加州教育預算長期持續下滑，就如新聞記者約翰・梅若（John Merrow）在他這部恰如其名的記錄片《從最好到最爛》（*First to Worst*）所描述，一九七〇年代加州的學校比現在還好。③

谷歌（Google）、蘋果（Apple）、英特爾（Intel）、思科（Cisco）以及其他許多公司將數位資訊帶入我們今天的生活，但即便在離它們總部一小時車程範圍內，我們也很難找到一所學校的所有老師和學生都有全年無休的連線環境，以便運用這些公司所提供的工具。谷歌替總部所在的加州山景城建設了免費的超高速寬頻網路，但區域內的學校卻沒有與這個網路連線的最基本設備。

矽谷以科技爲基礎的創意設計、工程、行銷及合作的文化，也同樣無法在區域內的學校見到。那些幸運有父母爲這些公司工作的學生可以在家中使用科技工具，卻無法在學校使用。加州的學生人數目前占美國的百分之十二，由此來看，美國原創力與學校對科技免疫之間的落差，正拆解國家的未來。美國距離教育國的境界仍有漫漫長路要走。

學校系統邊陲的創新

但遊戲尚未結束。美國仍有希望將創新精神注入學校系統，成就教育國的夢想，而且沒有一個孩子落後，都有機會完成高中學業、繼續讀大學。事實上，就在不久之前，美國學校系統的鋒面曾有許多創新。一九九一年也創設於舊金山灣區的GLEF一直在檢視這些創新鋒面，研究並記錄這些開風氣之先的學校與它們的領導者。GLEF的創辦人兼董事長喬治・盧卡斯也創辦了等於娛樂與電影工業科技創新同義詞的盧卡斯電影公司（Lucasfilm），這並非偶然。如同喬治在本書序言與介紹GLEF的一部影片中所說，一九八〇年代他在為視覺效果、音效設計及影音遊戲創造數位工具的過程中，「我開始思考，為何不把這些新科技運用在教育程序上呢？」

一九九七年起，透過教育理想國這個媒體，我們的基金會開始記錄這些「教育改革的鋒面」，展示尖端學校如何由少變多，如何將以教科書為基礎的學習變成專題式，讓學生可以上山下海，到市中心、歷史古蹟、農莊、河川湖泊，去實際調查研究與他們生活息息相關的重要議題。包括企業、大學、政府機構及非營利組織在內的合作夥伴與專家，都大力協助這些學校讓學習突破教室的四牆。

受惠於以倍數成長的科技力量與迅速下降的價格，這些學校正為學生與老師配置現代的數位工具，以供思考、溝通與合作。它們不但善用上課時間，也將學習擴張到課後、週末及假期。課後計畫提供了課堂內所缺乏的創意經驗，對有需要的學生提供協助。學區正在提升教育這一行業，支付教師更多薪水，也要求更好的成果。在校長與學區領導越來越多的協助下，這些創新鋒面由開創風氣的個別教師擴展到整個學校甚至學區，最後終將改變教育體系的中央。本書談的就是這些鋒面。

企業策略家約翰・海格三世與全錄帕拉奧圖研究中心（ＰＡＲＣ）前主任約翰・希利・布朗在他們合著的《邊緣優勢巨變》（*The Only Sustainable Edge*）一書中，曾敘述企業重視「鋒面」創新的幾個意義：

我們必須重新研磨鏡片，以便觀察鋒面，我們事業的鋒面。這些鋒面蘊含豐富的價值創造機會。……所謂的鋒面是什麼意思呢？首先，我們指的是企業的鋒面，它是不同企業接觸與互動之處。其次，鋒面指的是各成熟市場的邊陲……彼此相接連、碰撞或匯流。第三，我們會談論到地理的邊陲，尤其是新經濟體如中國與印度的邊陲……

最後我們指的是世代之間的鋒面，由無所不在資訊所型塑的年輕一代消費者與受雇者在其中學習、消費並彼此合作……這些鋒面將成為企業創新的主要來源，因此是價值創造的沃土……如果我們小心調整焦距，就能看到驚人的事物：這些鋒面將重塑核心，最後徹底改變核心。④

GLEF的教育理想國：敘述學校創新鋒面的故事

教育理想國在重新設計美國教育這方面扮演了獨特的角色：製作記錄影片，並搭配文章、學校領袖專訪及課程計畫的資源，以展示創新鋒面的主要做法。我在本書中敘述的許多學習環境來自教育理想國網站的率先記錄。起先我們的故事主要引來美國閱聽大眾，但已有越來越多國際人士、教育家、決策者及父母，注意起他們學校系統中這些有趣的邊陲鋒面。

我經常向教育工作者介紹他們不知道就存在自己或附近學區內的優秀計畫，例如我曾用一部影片向舊金山的教育工作者介紹「建築舊金山」（Build SF）。這是一個特別的半天計畫，高中生在其中與建築師一起工作，學習設計與建造。傳統教育體制的一個特徵就是在傳達創新、尖端的事物上做得不好。雖然這些優秀計畫就在身邊，但心理上卻遠在天邊。

教育理想國在記錄這些故事時採用了四項策略。第一項是保持正面態度。我們承認現行學校體制有許多內在的問題，新聞報導已很詳細。但GLEF堅信，了解成功比專注失敗讓我們學習到更多。

第二是運用記錄片，將無法以言語溝通的內容呈現在眼前。比如一個三年級學童看到蝴蝶從繭裡掙脫而出時臉上的表情，以及同學們如何享受一起工作、合作等等。我每次演講一定放映我們的記錄片，而觀衆也一定都印象深刻。

第三，我們專注於這些創新在課堂中的面貌，老師和學生如何有創新的教學關係。太多有關教育改革的討論都停留在通盤性的層面，在全國、學區或各州的政策上。所以，雖然我們都同意教師應有更好的待遇、有更多的專業發展訓練，教育理想國更專注找出這個問題的答案：應該付更多薪水讓老師做什麼？他們應該如何在課堂上做與教？

第四，我們努力以最清楚的文字呈現我們的資料，不用術語，讓家長和教授都能了解。教育界喜歡用難懂的語言處理事務，其中有太多新奇詞彙和彆扭的頭文字母縮略字，讓家長、記者與學校董事都一頭霧水。要成爲一個ＥＳＬ（以教育爲第二語言）的人，你必須能夠定義因材施教如何有益於ＥＬＬ與ＦＲＬ學生，尤其如果他們是ＩＥＰ（ＥＬＬ是指英語學習者〔English Language learner〕，ＦＲＬ是指免費或減費午餐〔Free or Reduced Lunch〕，ＩＥＰ是指個人化教育計畫〔Individualized Education Program〕）。這個語言障礙讓教育應往何處去難以形成更大共識。如果家長了解並要求更有創新的學校，依賴他們選票的學校董事會成員會聽得更仔細。

我們曾經發表過一篇文章，一位教授在其中提到：「老師需要具有『教導內容知識』（pedagogical content knowledge）。」我們有一個董事凱特・奈加德（Kate Nyegaard）注意到這個詞，她說：「那是什麼意思？我是學校董事，負責專業發展經費分配，可以撥經費給它。」我回答：「我想它的意思是老師應學有專長，並知道如何教學。」她說：「這樣我就懂了。他幹嘛不這樣說？」

有關本書

我在本書中摘述我們基金會致力研究各鋒面創新區塊所得到的經驗。我描述的六個「鋒面」都是在一九九〇年代慢慢發展成形，現正快速成長中。第一鋒面是我們的教育思想鋒面，爲其他五個鋒面建立了基礎，包括課程、科技、時空與教學鋒面，而最後一個鋒面可能是最有影響的：今日數位學習者的年輕鋒面。

這些鋒面跟海格與布朗所描述的企業鋒面互相輝映，包括學校與大學、博物館等建立合作關係，以爲學習增加價值。各學區與各州承認傳統教育市場的限制與滅絕性，並透過網路教學，採歐洲、亞洲教學模式的他山之石、全球化課程內容等各種做法，掌握新的機會。而最大的鋒面：現在數位學習世代，在升學過程中帶來各種新的學習與溝通習慣。在各種手持裝置功能越來越強大、越來越受歡迎的情況下，這些年輕學習者根本就把變革放在口袋裡。

就像一個要由大量文物收藏中選出展覽物品的博物館館長一樣，我在舉例時也要精挑細選。它們發生在全美國各個不同的都會、郊區或鄉村，但所顯示的鋒面則不受地理限制。它們也並非唯一。我們教育理想國網站收藏來自全國與國外數百所學校的大量故事與影片。我們的記錄片也側寫一百五十個學校或計畫。我希望讀者花時間點選我在本書中列舉的連結，進入教育理想國及其他網站。親眼觀看它們如何在課堂中發生與進行，最能了解我所描述的各種創新做法。所有這些網站都列於本書最後，以及教育理想國官網 www.Edutopia.org/educationnation。

我也希望讀者參與教育理想國網路社群的討論，提供你本身的觀點、案例與資源。本書是教育理想國與各網站搜集的創新故事的摘錄。更重要的是，我希望本書能在我們應如何建立教育國這件事上，幫助你展開或持續有關的討論與行動。

1 思想鋒面
——更聰明的學習

就一個兒童的觀點，學校最大的浪費來自他無法充分且自由地將他得自校外的經驗運用在校內，另一方面則是無法將他在校內所學應用在日常生活上。

——杜威（John Dewey），〈教育的浪費〉（Waste in Education），《學校與社會》（*The School and Society*），一八九九年

第一鋒面「思想鋒面」是最基礎的：將我們對於教育的思考現代化。將創造教育國列爲首要目標就已經改變我們對這項工作的思考——學習的過程，學生、老師與父母的角色，以及運用現代科技所可能達成的目標。由我們改革政治、宗教甚至個人的人際關係經驗可知，改變思想可能是人類最艱難的工作，尤其當我們的觀念深植於個人經驗時。我的同事、華盛頓大學教育學院榮退院長艾倫・葛倫（Ellen Glenn）曾說：「學校改

革最大的障礙來自我們的記憶。」由於我們在人生的啓蒙時代都曾在學校裡讀過十八年書，都自認了解學校應該是什麼樣子，班級應如何組成，我們很難有其他想法。

很不幸，在學習上我們並不非常聰明。在改善兒童教育與學習的範疇上，我們大人學乖的速度並不夠快。

有關學童如何能夠最佳學習已有一些廣爲人知的論述，比如杜威以兒童爲中心的做法。在本章中，我將討論如何利用這些論述更新我們的思想。雖然杜威的看法在進步的教育者間廣受歡迎，但並未被社會廣泛接受，尤其是缺乏時間與興趣閱讀教育史的政策決定者。在我們由上而下的教育體制中，決策者決定何時、以何種方式將何種資訊傳輸給孩子。杜威的觀點與此恰成鮮明對比。如果未來學家兼電腦科學家艾倫・凱伊（Alan Kay）所謂「觀點值八十個智商點」是對的，我們就必須重新研磨鏡片，以適應新觀點，增進我們的教育智商。我們必須知道要往哪裡看。

我也將討論如何超脫十種簡化的「非彼即此」選項思考，轉向「二者均爲」的複合思考，以及史丹佛大學的卡洛・德威克（Carol Dweck）在《心態致勝》（*Mindset: The New Psychology of Success*）書中描述的，在學童自行學習過程中賦予他們心智模式。也許這並不會太難。當我們想到運動或藝術時，我們本能地就會運用正確的心智。我們只需將它運用到教育上。

從杜威到鄧肯

芝加哥，伊利諾州

由於提倡以兒童爲中心的教育方式，以及連結學校生活與眞實生活，約翰·杜威（John Dewey）常被稱爲「進步教育運動」之父。巴克教育研究所（Buck Institute for Education）的莫根道勒（John Mergendoller）甚至稱呼杜威「聖約翰」。我喜歡將杜威連結到他的時代以及一八九〇年代，那時他以一個年輕哲學與心理學教授身分，由紐約來到新設的芝加哥大學。靠石油迅速致富的約翰·洛克斐勒在當時美國的西部邊疆創設這所大學，作爲這個蓬勃發展城市的浸信會的高等教育機構。杜威創設一所叫作「大學小學」（University Elemintary School）的學校，稍後再改名爲「實驗小學」（Laboratory School），數十年來一直提供芝大教職員子弟及海德公園一帶居民高品質教學，並以此著稱。杜威刻意選擇「實驗」兩字爲學校命名，就是希望它能如同大學實驗室一般，將最有潛力的理論觀念發展成課堂中一貫的做法。

一八九九年，杜威將他對教育的觀念寫成一系列的三堂課講義，定名爲《學校與社會》（*School and Society*），發給學生家長。①由於他是說給學生家長聽，而非學術界，他的論點特別清晰簡捷。芝加哥大學出版社在一九九〇年重新印行這份講義，我在演說時都會向家長與修習教育的學生推薦。杜威講義有強烈的現代感，反映今日許多教育領袖、尤其是老師的感受。他談論的兩個關鍵主題與今天二十一世紀學校的角色有巨大共振。

第一個是學校對整體社會目標、尤其是美國民主成就的關鍵影響。當時距美國南北戰爭不過三十年，杜威強調公平教育機會對所有兒童的重要性，以及我們仍在發展成長中的民主政治將有賴於它。他說：「最有智慧的父母所盼望帶給孩子的，也一定是整個社群都想帶給孩子的。任何對我們學校的其他觀念都是狹隘與無愛的，若據以行動，將摧毀我們的民主。社會的一切成就都應透過學校，交給社會未來成員運用。」②

他也連結個人成長到社會成長：「在這裡社會主義與個人主義是合而爲一的。唯有眞誠面對組成社會的每個個體的完全成長，一個社會才能眞正面對自己……沒有比學校更重要的了，如同霍雷斯・曼恩（Horace Mann，譯註：十九世紀美國著名教育家，被譽爲普通學校運動之父）所說：在任何有東西成長的地方，一個『前行者』的價值相當於一千個『改革者』。」③

教育部長阿尼．鄧肯（Arne Duncan）與杜威有一項少有人知的私人關係。他的母親在一個教會主持課後輔導，服務非洲裔美國家庭。在《大觀》雜誌（*Parade*）的一篇文章裡，鄧肯部長描述他的家庭對那一天的準備：「一年中最讓我們兄弟姊妹期待的日子就是開學日。父母確保我們都搞得清楚，不能把它看成理所當然。每年開學日的前一天，我們都必須把自己的新鉛筆和筆記本排得整整齊齊。我上幼稚園的第一天，爸爸將我綁在安全座椅上，用腳踏車載到學校門口，引導我進入有老師、校長與同學的美麗新世界。」④

事實上，那所小學就是杜威的芝加哥大學實驗小學，而鄧肯的父親則是心理學教授。兒童時期，鄧肯確實是踩著杜威的足跡前進。在杜威發表講義超過一個世紀後，教育部長鄧肯貼切回應杜威的言詞：「雖然現在與當時已大有不同，但教育的單一重要性卻沒有改變。在美國社會中，教育仍然握有開啓大門的獨特力量，而今天的父母仍然如同數代以來的父母，有能力協助實現那些機會之夢。教育仍然是美國社會最大的平等化力量。不論地域、種族與來源，每一個孩子都有相同的受教權。」⑤

杜威提倡的第二個主題是連結學校學習與兒童的生活。這個主題也貫穿這本書的六個鋒面。早在一八九〇年代，美國學校體制就已開始將教室隔離於社會之外，並壓抑學生本能的好奇心，持續百年至今不休。杜威在名爲〈教育的浪費〉的章節中寫道：

數年前我拜訪莫林市（Moline），當地學區督察告訴我，他們發覺每年都有許多學童很驚訝地學習到，流過他家門前的小溪竟然與教科書上的密西西比河有關……對許多學童而言這等於是一個覺醒，原來一切事情不過是他們每天所看見、接觸與感受的事實的一種較正式、確定的敘述方式而已。當我們想到我們都住在地球上，活在大氣中，每天的生活無時無刻受到蟲魚鳥獸、土壤的影響，再想想在學校如何學習地理，我們即可清楚地認識，學童每日生活經驗與學校提供的大量孤立教材之間存在著鴻溝。⑥

杜威當時就知道許多教育者今天才知道的事：如果我們讓孩子自行提出他們天生就會問的問題並尋求答案，他們將把自己的學習導入許多新領域。一九七七年，公共電視網正進行一項重大的新計畫，即後來的兒童科學系列《3-2-1 Contact》，我擔任這個計畫的研究主任。一開始我們把它看成「好奇心秀」，考慮環繞兒童的問題而製作這個系列節目。我們到紐約市的幾個學校蒐集八到十二歲學童的問題，以下是一些樣本：

人爲什麼會生病？
你的身體何時知道要生長了？
我們如何講話？
爲什麼猩猩比烏龜聰明？
袋鼠如何跳躍？
世界上最高的男人和女人是誰？
火山有多熱？
如何製造紙、粉筆、玻璃、卡通角色、電話及建築？
計算機、相機、燈泡、磁鐵、時鐘及電視如何運作？

你會驚訝地發現，兒童天生會問的簡單問題竟然可以導出許多調查線索，以及越來越複雜的答案。還有一個孩子向我們提問：「春天和夏天是什麼造成的？」這個問題後來出現在一部影片中，在哈佛四年級生參加畢業典禮時向他們提出，詞句改成：「爲什麼夏天熱、冬天冷？」

這個人類存在以來就每年經歷的簡單問題，卻爲難許多成人，甚至最傑出的畢業生。在哈佛—史密森尼天文台製作的《一個私有的宇宙》（*A Private Universe*）影片中，雖然有人口舌便給掰出一些錯誤答案，大多數則顯然一無所知。由於我也曾立於和他們相同的處境，一九七四年一個晴朗的六月天和他們穿著一樣的畢業服，在哈佛校園中參加畢業典禮，我保證自己也會像他們一樣結結巴巴給出錯誤答案。

我不申論答案，但鼓勵你把握機會將它查個清楚。在你順手點入 Google 搜尋之前，先想想這個問題是否讓你重新感受到自己是一個住在這個地球上的人類，以及我們的教育究竟帶我們離開杜威主張兒童應調查「我們日常生活所見、所感與所觸的事實」的諄諄教誨有多遠。

想辦法和朋友討論這些問題。與他人做觀念比較並見識別人如何思考，將可爲學習程序注入活力。團體合作是「以學生爲中心」課堂的重要特色。見識其他學習者如何思考將可使學生獲益良多。很不幸，我們多數人所在的學校都以「不准說話」及「做自己的功課」爲主要校規。就如羅勃・普特南（Robert Putnam）在他的暢銷書《獨自保齡球》（*Bowling Alone*）中所形容的，我們的學校強制規定「獨自學習」。

在你把這個問題搞清楚，並注意到圖表、視覺模式對於這個現象的重要性以後，從我們研究的學童所提問題中選出幾個吧。更好的是，問問今天的學童他們對什麼問題好奇，然後喚回內心的童稚純眞，找出自己的問題。部分我自己最喜歡、甚至自行調查的問題，與我每天帶在口袋中的物品有關，比如手機、數位相機、iPod如何運作等等。你慢慢將體會並欣賞整個課程安排可以根據這一系列的調查建構而成。鼓吹專題式學習的人稱呼這種看似措詞簡單，卻能導向深刻與複雜調查的問題爲「驅動性問題」。

孩子們也會問到與歷史、人文有關的淺白問題。喬治・盧卡斯童年時跟著父母開車行經加州摩德斯托（Modesto）市區，注意到有許多不同型態的教堂。他問媽媽：「如果只有一個上帝，爲什麼有那麼多宗教？」不論提出這個問題的人是十、二十或五十歲，要找出答案都必須耗時數週，深入研究歷史、比較宗教等等。雖然這個問題在一九五〇年代喬治的學校及今天大多數學校都被列爲禁忌，但它與當前國內重要議題及國際衝突的相關性不言可喻。

杜威這個問題到今天都還是建立教育國的驅動性問題：我們是否能設計一個學校系統，讓每一個學生都能夠調查「我們每天所見、所感、所接觸的事物」？

教育與狂喜

一九六○年代，喬治・雷納德（George Leonard）是《展望》雜誌（*Look*）的資深編輯，報導的題材從大腦生理學到學校，非常廣，但以人類潛能的未知領域爲共通脈絡。他寫道：「一九六四年我花了六個月訪問許多優秀心理學家與大腦研究者，討論人類潛能問題。他們都同意，大多數人大部分的潛能經常被浪費。很明顯，我們的教育模式是這個悲慘浪費的主要原因。」⑦

他在加州大索爾（Big Sur）與人共同創辦了艾沙蘭（Esalen），這是一個投身心靈活動的住宿社區，至今仍在營運。他曾擔任陸軍航空隊飛行員，也是合氣道大師。雷納德簡直可以當作杜威三代後的心智後裔，他們享有學習的共同基因。雷納德不僅宣揚教育應滿足兒童天生的好奇心，同時強調學習基本上是一種快樂的活動，能啓動我們更高等的本能。作爲人類，我們應生而樂於學習。

一九五六年他花了數週時間在伊利諾州狄卡特（Decatur）貼身觀察採訪小學二年級老師卡洛琳・威爾森（Carolyn Wilson）及她的學生，搭配夏洛特・布魯克斯（Charlotte Brooks）的照片而寫成一篇報導〈何謂老師〉（What Is a Teacher），立刻成爲經典。

一個黃髮男童甩起手臂。另一個淚汪汪的平頭男童掙脫卡洛琳的懷抱，抗拒被原諒。還有一個憂鬱的小女孩黏在卡洛琳身邊。但一頁接著一頁，這個口中唸唸有詞「每一個孩子都有善良之處」，在難以實現的希望支撐下的老師堅持不退，快樂地對抗幾難克服的險阻。⑧

雷納德曾有許多類似的經驗，這只是其中之一。因此他呼籲在學校學習上進行激進的改革。在為《展望》雜誌撰寫許多犀利文章後，一九六八年雷納德將他的觀念寫成一本書，並以在這之前與之後都風馬牛不相及的兩個字合在一起當作書名《學習與狂喜》（*Learning and Ecstasy*）。他寫道：

時至今日，我們最主要的教學模式仍如同文藝復興時期，在一個單一空間中，一個老師站或坐在一群學生之前，以口述的方式向他們展示事實或技術。我們對於人類學習能力的期待仍然心虛低調到令人吃驚……所有目前在各中學、大學校園裡進行的……只不過教育所能達成的一個極小切片。

雷納德預見了一個學習新時代的黎明，其中：

一般學生只花現在三分之一或更少的時間，快樂而非痛苦地修習目前學科……提供適合不斷變化的科技時代的生活學徒新制……許多我們目前忽視，但與人類運作主要領域習習相關的新型態學習……將能成為教育大業的一部分。許多我們明天將學習的科目，今天甚至還沒有一個共通的名稱……幾乎每天都是學習天，以便教育者能隨時與所有學生分享目前只能由罕見與特優者才能體會的啓發時刻。在新而更為擴大的意義上，教育將成為每一個人終身的追尋過程。繼續學習，繼續與他人分享學習……在最好時，教育將是狂喜。⑨

《學習與狂喜》獲《展望》雜誌分三期連載，共累積三千四百萬讀者。雷納德一共獲得五千封來信，其中許多人想開辦新型態的學校。這本書的第一版發行了近二十年後，第二版才在一九八七年發行。雷納德寫說他拒絕更新，因爲事實證明學校系統極善於抗拒改革，也少有改革發生。但他仍在第二版的序言中說：

七〇年代晚期發生一些意外的事。我開始收到大學、矽谷、AT&T資訊系統電腦專家的來信、電話與拜訪要求。一種新科技正在形成，它將能把夢想學校變為可能……不在科幻小說的領域，而在不遠的未來……我也非常興奮，某些高度創意的電腦化系統正漸次上線。譬如「教育公用事業」（Education Utility）將資訊系統連到所有學校，如同電話線路連結到每個家庭一般……它提供課堂管理系統與大量參考資料，還能提供個人化、自定節奏的電腦學習課程。[10]

那樣的公用事業現在是網際網路，爲世界各角落學生提供最佳的知識來源，包括電影、音樂與專家以各種語言製作的介紹，遠優於早期以文本爲基礎的系統。二十年之後，科技甚至超越了雷納德的遠見。

一九八四年雷納德在《君子》雜誌發表一篇文章〈學校改革的偉大騙局〉（The Great School Reform Hoax），列舉了學校的十一個目標，它們今天可以輕易成爲有志創設二十一世紀學校的團體的共同宣言，包括：

- 儘速將教育做最大可能的個人化。
- 啓動大規模的課程發展計畫。
- 爲教師加薪並待之以禮。

- 利用電腦教學，而非僅教授電腦課程。
- 對危險及破壞性行爲建立嚴格與一貫的規範。
- 爭取家長與社區參與學校活動。

但他的第十一點是最重要的：

讓學校變得更刺激、具挑戰性與生動。這是最重要的一點。學齡前兒童是天生的學習大胃王。這些剛締造這個星球上最偉大學習成就——口語——的孩子開始上學，卻發現一個驚人的消息：在學校這個地方，學習通常是很無聊的。少有專家願意挑戰大多數學校是無聊、沉悶的事實……

我們必須反省這個可能性，我們是否太小心翼翼、太缺乏想像力，以致讓我們的學校系統陷在一灘死水中，所以學生感到無聊也是理所當然的。也許時候已到，我們要讓年輕人知道，學校是行動的所在，無論是心智上或身體上；課堂與遊戲場一樣鮮活，是探險與驚奇，以及可承受的折磨考驗的所在，充滿歡笑——簡單地說，是一個學習的處所。沒錯，教育是艱辛的工作，但也充滿樂趣，有時甚至狂喜。

我同意。在國會大廳、各州首府、地區辦公室及校園走廊，有關教育的話題確實太過「小心翼翼、太缺乏想像力」。大約十年前，我已加入GLEF，邀請雷納德參加基金會的一次活動。他的住處距我們位於馬林郡的總部不遠。我清楚體認到他由一九六〇年代起到八〇年代的文章與我們基金會工作的關聯。後來有次我和太太有機會到艾沙蘭參加一個由雷納德夫妻主持的研討會。在一場合氣道展演中，他要參加研討會的年輕人排成一排同時攻擊他。即使已年逾八旬，他還是輕易穿梭其中，把大家一一撂倒。

二〇一〇年初我正在寫這本書時，雷納德過世。他讓我們獲益良多。在許多有關教育、老師和學生的畏縮言詞與謹慎思考中，他卻大膽提出教育獨立宣言。所以，謝謝你，喬治・雷納德。

十種教育戰爭停火：從非彼即此到二者均爲的思維

許多過時的觀念仍存在於至今不休的政治爭議及教育戰爭中。愛因斯坦曾有一句名言：「瘋狂的定義就是不斷重複同樣的事，卻期待不同的結果。」過去數十年來繞圈子式的學校改革足以將大多數關心教育的人逼瘋。

儘管過去多年來的測驗結果已明白指出美國學生課業成就不斷下滑的事實，尤其在中學部分，但在「沒有一個孩子落後」（No Child Left Behind）法案下，美國仍加強各項考試制度來一再呈現這個悲哀的事實。正如演員羅賓・威廉斯所說：「多餘，多餘，多餘。」爲因應不良的考試結果，各學區驅使學生接受更多的課程、練習、教學、功課單、教科書，而這些卻都是本來就已經證明無效的。在許多課堂裡，將粉筆換成白板筆可能就是最大的改革。多年前我的同業、英國第四頻道的約翰・李奇蒙（John Richmond）到各學校拜訪，看看老師是否有引用他們獲獎的教育計畫。有一位老師很客氣地告訴他：「親愛的李奇蒙先生，我們學校還是習慣用有色粉筆。」

在教育戰爭裡，例如「基本技巧」與「高階思考技巧」孰先的爭議，專家們總是站穩腳跟、磨利相對立的觀點、精進辯論的技巧、發表專欄等等。與其繼續捲入這個老掉牙的爭議，宣布停火、撤退、用心思考，此其時矣。事實上，大多數爭議的雙方論點都很有可觀處。爲能熟練「二十一世紀技能」，我們應建立更大共識，將這種「非彼即此」的爭議整合成更具包容性的「二者均爲」的理解。

下表列舉十項「非彼即此」爭議。時至今日，這些爭議消耗大量寶貴的時間、資源與政策，但所造成的熱卻遠多於光，對學生的學習也少有衝擊。最下一欄則將兩個極端的觀點調和。

將十個「非彼即此」爭議轉變為「二者均為」的整合體		
彼	此	二者均為的聰明整合
聲音學習法	全語文學習	均爲閱讀關鍵。何種語言學環境同時支援二者？
計算技巧	數學思考	均爲數學關鍵。何種問題或經驗能引導學生有意計算並以數學思考？
考試	眞實評量	均爲評量及改善學生學習關鍵。何種考試有用？何種大型評量制度能改善學生學習？
以老師爲中心教學	以學生爲中心學習	老師不可或缺於以學生爲中心的課堂，但當科技成爲內容及合作的平台時扮演不同的角色。
課業學習	社交情緒學習	學生的頭腦是與心相連的，二者均須投入有效的學習。

自然環境學習	運用科技學習	了解天然環境有賴搜集與分析資訊。處理資訊則須運用科技。
閱讀	媒體與科技	不論線上或紙本，媒體與科技能夠以新方式爲教科書提供生動的圖片、影像、音樂等，協助學生分析其閱讀。
面對面教學	線上學習	在線上學習時，當面互動的額外價值更顯重要。視訊會議也可以有當面互動的能力。
二十一世紀技能	核心課程	在融合人文與科學的重新設計的核心課程中練習創造、合作及全球性思考。
享受學習	辛勤學習	如果學生能就他們學什麼以及如何學表示或做選擇，他們會更用功。找出他們樂於用功的

		事，例如運動或藝術，用以連結學習。

教育創新的跨界思考

正如同油電混合的跨界車爲汽車工業帶來創新，將「非彼即此」的選項轉化成「二者均爲」的跨界思考將帶動教育成果。目前在教育事業上已有許多破除藩籬的跨界做法，其中多數牽涉媒體與科技。至今已開播四十多年的《芝麻街》可能是最知名的，但它在開播初期也遭遇許多思維僵化者的質疑。由於堅認電視是教育的敵人，他們製造大量反對聲浪：「電視節目充滿暴力，而且兒童花太多時間看。用電視教育無異緣木求魚。」

但《芝麻街》爲兒童電視節目帶來舊思維無法想像的全新設計。它引入各種新的人才，並互相合作，包括吉姆・韓森（Jim Henson）的各種布偶、電視編劇、音樂家、教育家與研究者等等。它結合幽默、玩偶、動畫、音樂、多樣的角色，以及全面的學前課程，專注於兒童認知及社會技巧教育。它運用電視這個平台著重詳細「訊息包裝」、高製作價值與重複的特點，以協助兒童學習數字、字母等等。

這就是我對創新如何產生的定義：挑選現有中最佳成分，整合來源廣泛的知識與人才，創造過去無法想像的突破。由於能夠創造性地結合這些元素，《芝麻街》這部美國電視節目能夠行銷全球。目前在全球逾一百個國家以不同形式播出，包括與南非、中國等地製作人、動畫家玩偶師等合作轉譯，以及與以色列、巴勒斯坦的特殊合作，《芝麻街》已成爲「全世界最長的街」。《芝麻街》的外形雖如一般電視節目，但內部運作方式卻根本改變了媒體在教育上的未來，過程中並提供大量的社會公益。

今天的線上學習正將面對面教學（FTF）的價值做跨界轉化，有多媒體教學的潛力。它兼具學生與老師當面相處的效果，以及個別或集體、線上或離線教學的能力。對線上教學的研究已發現面對面教學持續不絕的價值。老師與學生若能當面相處，彼此的學習連結將會強化，並改善線上的互動、信任與動機。現在學生們已經可以透過視訊會議在網路上見面並交談，這種新型態的擬眞會議——網路面對面——將進一步改善線上學習的教育功能與成本效益比。

教育界仍有許多「非彼即此」。你可以在下一次學校同僚會議、學校董事會或同業發展研討會中，將前述的十項列表轉成一個遊戲，爲列表增加一些新內容，並彌補或強化兩個針鋒相對觀點各自的優、缺點，創造自己的教育跨界車。這個練習將能夠強化學生也需要的二十一世紀思想肌力：評價不同、甚至矛盾的觀點並創造更新、更現代化與強大視野的能力。創造一輛教育跨界車，把我們帶向重新設計、改革學校更高遠的境界，並大幅增加我們由傳統教育思考所能達到的里程數。

餵大象，別替大象稱重

有一次我在紐約開會時聽同僚談她到印度的故事。那裡一位教育工作者有些疑惑地問她：「你們美國常常給學生考試，對嗎？」她回答，確實，美國的國家政策要求所有學生在特定年級參加考試。印度教育工作者說：「在這裡，爲了讓大象成長，我們會餵牠。我們不替大象稱重。」

我從沒去印度，也從不曾餵大象。但這是我所聽過的最簡捷、有效的教育政策建議：專注於我們應該在心智上和身體上拿什麼餵給學生，而不僅僅測量他們的心智重量。正如我們這個國家所發現的，在「沒有一個孩子落後」法案的沉重負擔下，我們很難爲大象稱重。在我們本應加速時，對考試的迷思卻把原已辛苦前進的教育體系拖得更慢。

一個智力的成長模式

過去的研究已經證實，教導學童欣賞大腦能啓發他們更努力學習，並改善數學的理解。這個偉大的研究結論來史丹福大學心理學家卡洛・德威克，以及她的合作夥伴、哥倫比亞大學的麗莎・布萊克維爾（Lisa Blackwell）與史丹福大學的卡利・崔斯尼斯基（Kali Trzesniewski）所做的研究。這項研究發表在《兒童發展》（*Child Development*），之後並由全國公共廣播電台在一個故事節目中宣揚。⑫⑬

德威克她們進行兩個研究，第一個顯示學生智力理論、他們的學習動機與課業成績之間的關係。這個研究共有來自紐約市一所中學，分成四組的三百七十三個初中生樣本。他們的成績屬於「普通好，六年級數學測驗的平均得分在全國的前百分之二十五，有百分之五十三符合免費午餐」。百分之五十五爲非洲裔，百分之二十七來自南亞，百分之十五爲西班牙語裔，百分之三爲東亞或白人。

具有「成長模式」心智的學生通常同意類如「你可以大幅改善你有多聰明」等敘述，不同意「你的智力是定量、你無法改變」的說法。他們更珍視學習（通常同意「我做功課的主要原因是我喜歡學習新事物」等敘述），並堅信努力將導致正面的結果（你越努力，收穫越多）。在學業上遭遇挫折，比如某次考試成績不好，他們通常會加倍努力，而不會怪罪智力不足或考試不公。

這種成長模式智力與七年級秋季或八年級春季較高等數學成績有關。在一個急於改善（學生）數學成績的國家裡，初中學生的數學成績可能受他們對自己作爲學習者的看法影響，值得當政者注意。研究者認爲，在這個青少年的關鍵時期，學生自己的信念與他們的成績表現密切相關。這是協助青少年培養對自己作爲學習者的正面認知的重要時刻。

在第二個研究中，研究者想知道這種正面的「成長模式」智力是否可以教。在另一所有同樣種族分布，但學生成績較差、家庭背景也較貧乏的紐約初中，有九十一名學生參加實驗，分成實驗組與對照組。兩組都接受每堂二十五分鐘、總共八堂的大腦生理學及讀書技巧課程。但實驗組被灌輸「智力是可修正的」觀念，例如透過與「肌肉鍛鍊」的鮮明對比。「關鍵的訊息是，由於能形成新的神經連結，學習能改變大腦，而且學生能主導這個過程」。⑭所有學生都有同一個老師，但老師並不知道哪一個學生是哪一組。

一般而言，初中時期數學都會下滑。但被教育努力與大腦的改變可以提高智力的學生卻反其道而行，控制組學生的成績則持續下滑。在一次全國公共電台的訪談中，德威克形容學生如何認眞看待神經學習這件事：「他們讀書時會想到神經元形成新連結。當他們在學校用功讀書時，甚至能將自己大腦正在成長視覺化。」⑮

數學老師對兩位接受「成長模式」教育的學生有以下描述：

L，以前從不多付出一分努力，作業也從不按時交，現在卻熬夜，花大量時間提早完成作業，以便我有時間檢查，好讓他可以修正。這個作業他得了B^+（他以前的成績都在C以下）。

M，表現在同級中遠遠落後。但過去數週以來她主動利用午餐時間找我問問題，希望考試能考得好一些。最近一次考試，她的成績由不及格大幅進步到八十四分。⑯

《兒童發展》結語的兩句話概述了給教育者的訊息：「兒童的信念成爲他們帶入成就情境的『行李』……專注強調學生發展其心智能力的可能性，將帶來各種企圖心的利益。」⑰

學生餵養自己的大腦並看它成長

德威克及其同僚這項研究，以及它對教育與爲人父母之道，已經發表爲《心態致勝》一書，⑱其中詳細說明如何教育兒童「餵養自己的大腦」，教育他們相信智慧是可以培養的，以及這種心態將改善他們的學業表現。我請教德威克對父母與老師做法的建議，她提出以下策略：

- 教育學生把自己大腦想成肌肉，可以隨使用而增強，並提醒他們每當學習時就想像大腦神經形成新連結的影像。
- 教授讀書技巧時，向他們強調運用這些方法能改進學習能力。
- 反對使用標籤（聰明、笨等等），它們暗示智商是固定的。
- 稱讚學生的努力、策略與進步，不談他們的智商。稱讚智商將導致學生畏懼挑戰，且將讓他們一旦遭遇困難會自覺愚蠢與洩氣。
- 交付學生富挑戰的作業，教導他們有挑戰的活動才有趣，錯誤能讓他們得到教訓。

我請德威克對支持這種教學方式的政策提出評論：

> 老師本身應有成長與發展的能力，決策也應支持老師這方面的努力。老師在校內應就自己的弱項再學習。正確的看法是所有的老師都有強項和弱項，但均能加強自己的弱項。能夠激勵學生學習，並使低成就學生改善的老師，應獲得獎勵，而不是只照顧成績好的學生。
>
> 在我們的工作坊裡，學生成績進步最多的老師是對要求協助的學生付出更多額外時間的老師。老師需要足夠的時間和自由，才能對他們的學生付出這樣的注意

力。最後，這種教學方式也有關學習。美國的課程安排常企圖在一年內教太多不同課程。例如，美國高中常希望在一年內教五十個科學題材，而日本只有九個。我們必須教得更深入，才能讓學生知道如何學習，並肯定自己理解的成長。

我也請她評論科技在協助學生展現才智上所扮演的角色：

由於工作坊非常成功，我們獲得補助開發一個以電腦為基礎的版本，名叫「腦學」（Brainology）。[19]它由教導學習技能及大腦科學等六個單元組成。在大腦單元中，學生們參觀大腦實驗室，並做視覺實驗。比如，他們可以親眼觀察大腦在學習時新連結的形成，也可以在網路上看其他同齡學生接受訪問，記網路筆記，建議動畫學生角色如何學習，並在每一單元結束後接受熟悉度測驗。

我們在紐約的二十所學校中試辦這個計畫，獲得可觀的成果。幾乎所有學生都表示自己的學習心態已有改變，並正做新的嘗試以讓大腦有更好、更多的學習，形成更多的連結。

德威克的研究與教育理想國有關專題式學習、教師成長及科技整合等若合符節。德

威克所建議的教師行爲，常常可以在我們的文章與影片中看到，他們如何爲所有學生樹立更高的期待，並使各種不同背景學生獲得更高的成就。舉例來說，在我們對舊金山建築研究所拍攝的記錄片《用設計學習》（*Learning by Design*）中，老師與建築師帶著舊金山的高中生投入更多努力與堅持，改善他們的建築設計。⑳

教育理想國對教師成長的報導同時強調政策上應賦予老師更多合作的時間，並注意學生的功課，以及讓老師有更多進修的機會。加州聖克魯斯的新教師中心（New Teacher Center）執行董事艾倫・邁爾（Ellen Moir）在爲教育理想國寫的專欄「請教艾倫」（Ask Ellen）中，強調了這些做法與政策。㉑德威克的「腦學」軟體也說明科技在協助學生辨識關係及與其他學習者建立連結上的重大效果。

用教科書教籃球？

美國還不足以被稱爲教育國，但至少確定是一個對運動著迷的國家。美國職棒世界大賽、美式足球超級盃與NBA等等，每年各自占據國民注意力好幾個月，再加上大學和高中各種運動比賽，美國人腦子裡有各種各樣的比賽。如果其中一半人能像注意運動一樣注意教育，我們的學校馬上就大有進步了。但在這成爲事實以前，讓我們先想一想運動對學習的啓發。雖然我們可能對學習不太靈光，但談到運動則很內行。

讓我們將對於教導和練習籃球的所知運用在學校的課程上好了。教科書無法教導的，以及何謂真實學習，這兩者對比將變得十分明顯。多年以前我就由一九八〇年代曾任波士頓科學博物館館長、卓越的科學教育家羅傑・尼柯斯（Roger Nichols）身上學到這個對比。由於熱心提倡及早教育兒童科學的迷人之處，尼柯斯博士在他職業生涯的最後幾年放棄哈佛醫學院的教職，轉任科學博物館。

我那時是哈佛教育研究所的年輕助理教授，有次帶著研究生參觀科學博物館，並拜會尼柯斯博士。在討論「親手做」對科學學習的重要性時，他要我們想像一下父母在晚餐桌上永遠會問兒女的問題：「你今天在學校學了什麼？」孩子照例聳聳肩說：「我學會打籃球。」父母問：「你怎麼學的？」孩子說：「哦！我們坐在體育館裡，老師發給我們一本書，要我們看第一章講怎麼傳球的內容，我們知道有三種傳球法，地板傳球、胸前傳球和單手傳球。」

父母想知道更多，於是接著問：「好吧！接下來呢？」孩子繼續說：「我們又看了下一章運球，和再下一章跳投。」幾分鐘交談後大多數父母會受不了說：「你們老師到底有沒有給你們一個球，讓你們下場打呢？」孩子說：「沒有。我們一直看書看到下課。」

尼柯斯博士說，美國的父母絕不容忍孩子學運動只靠背誦名詞和閱讀別的運動員如何做。運動需要親身下場，看別人如何做，揣摩自己如何運動。教練和運動員慣常運用比賽影帶分析，以改善自己的技巧。然而美國的父母卻能容忍老師以死背的方式教孩子數學、科學等課目，卻從未親身體驗。

有力的數學與科學教學要帶學生走出教室，到野外、水邊、路口或居住社區蒐集資料。根據杜威的教誨，學生可由爲每日生活中的問題尋找答案開始，例如：家裡用的水打哪兒來？流到哪裡去？教歷史時應讓學生接觸到原始文件、照片、音樂（國會圖書館在這方面做得非常好）。㉒

因此，我很謙虛地提議發起一項全國運動：拿教科書教孩子打籃球。如果這個做法引來父母包圍學校董事會抗議，以及激烈的校董會議辯論，並進一步導致對其他學術課程的親身參與、全神投入，那這個短命的運動就有價值了。它將讓我們更聰明地理解何謂眞實學習，也更接近建立教育國所需的課綱和課程。

下一章我將討論本章所提的聰明思考與觀念正如何變化成更好課程安排與評量制度——課程鋒面。

2 課程鋒面
——眞實的學習與評量

你對好學校的定義是如何？請提供一個簡短且可量化的答案。我的答案是：學生們早上以和下午放學相同的速度趕來上學。

——來自與美國學校行政人員協會前執行董事保羅・修斯頓（Paul Houston）的對話

課程鋒面代表的是改革與重組最基本教學活動：學生課程的內容與評分方式。這個鋒面是日漸強大的潮流，它意指今天的課程都跟不上各學科的快速轉變。每一學科課程的基本定義、如何組成，以及應包含哪些內容，都應根據二十一世紀知識的進步來重新思考。特別是，在各知識學門日漸整合之際，許多課程仍各自獨立，教數學與科學無關，英文不提歷史，外國語文不談世界文化。作爲反映各知識學門研究尖端，各大學正逐漸整合學門學科，各中等及以下學校也應跟上時代才對。學科之間太壁壘分明，將使學生無法看到課程之間的關聯，也會更振振有詞地質疑：我幹嘛要知道這個？

幸運的是，課程鋒面已在全國越來越多的學校建立起灘頭堡，尤其是高中。在許多實施專題式學習（project-based learning，簡稱ＰＢＬ）的教學場所，學科的整合正自然發生。巴克教育研究所將ＰＢＬ定義為：「……學生針對特定複雜問題、困難或挑戰，進行深入探索、研究的程序。嚴格的學習計畫會部分接納學生意見或選擇，並須審慎規畫、管理及評估，以幫助學生學習到學術內容與二十一世紀技能（例如合作、溝通與關鍵思考），並能創造高品質產品與說明。」①由於學生在從事計畫過程中，譬如製作機器人，不會困於科學、數學或工程學的界限，ＰＢＬ越來越被確認為課程的典範。巴克教育研究所的專題式學習手冊（PBL Handbook）與專題式學習入門者錦囊（PBL Starter Kit），以及蘇西‧鮑斯（Suzie Boss）與珍‧克勞斯（Jane Krauss）合著的《重新發明專題式學習》（*Reinventing Project-Based Learning*）②中，對ＰＢＬ課程的認識、設計與專業發展都有豐富的介紹。

本章將介紹美國各地如何重新設計課程，以提供與學生生活、他們的社區以及外在世界有關的學習計畫。更深入的課程改革手法包括在文本（教科書）之外的媒體傳送系統，以及教育學生透過聲音與影像進行溝通。課程議題同時聚焦學生的心智與心靈，以結合他們社交、情緒與學識的發展。本章也將眼光擴大到國外，例如加拿大與澳洲，檢視當地以全新系統評量這種更眞實、深入學習方式成果的學校。這種以表現爲基礎的新評量系統，可以顯示學生在考試分數表層下所獲得的知識深度。

有關專題式學習優點的研究

專題式學習雖已問世數十年，但在用來分析、呈現與分享資訊的科技工具出現後，更增加了新的動能。GLEF在二○○七年針對課堂創新做法，譬如PBL、合作學習、數學、科學與閱讀能力的深度教學，做了評論。該評論由琳達・達林—韓蒙德（Linda Darling-Hammond）帶頭，最後以《強力學習：我們對理解教學的所知》（*Powerful Learning: What We Know About Teaching for Understanding*）爲名公開發表，其中收錄了史丹福大學的布麗姬・巴隆（Brigid Barron）、柏克萊加大的大衛・皮爾遜（David Pearson）與艾倫・熊恩菲德（Alan Schoenfeld），以及柏克萊加大勞倫斯科學館的伊莉莎白・史德吉（Elizabeth Stage）等人的文章。

教育理想國網站曾發表巴隆與達林—韓蒙德對大量相關研究報告所做評論的摘要，他們發現：

1. 當學生能運用課堂所獲知識解決現實世界問題時，以及所參與的學習計畫需要持續投入與合作時，他們的學習將更爲深入。

2. 主動學習的制度對學生表現的影響大於任何其他變數，包括學生背景及先前成績。

3. 當同時受教如何學習與學習什麼時，學生表現最好。

他們也引述了威斯康辛大學「學校重整研究」(School Restructuring Study)的所得，其中二十一所學校共兩千一百二十八名學生接受以探究爲基礎的教學方式，結果獲得明顯更優良的成績。

在評量了數個合作學習的研究報告後，巴隆與達林—韓蒙德記錄下學生以二人或組隊方式進行合作學習所獲得的效益。他們強調，落實專題式及合作學習是關鍵，尤其在教師發展方面。他們也注意到老師們可能會覺得，專題式學習或以問題爲導向的教學可能無法提供學生足夠的支持及評量。他們也認爲有必要「發展小組組織，以協助個別學生更有效地學習；指定有助於合作的功課任務，並介紹能夠支援學習的討論策略」。③

並非上一代的生物課

內珀維爾（Naperville），伊利諾州

今天的生物課不應該像你祖父、父親或你上過的一樣。我們大多數人在高一上生物課，以概論的方式背誦動、植物的分類與細胞成分的名稱。一九六六年我上生物課時最刺激的莫過於以顯微鏡看細胞，以及拿針刺破手指，在顯微鏡下看自己的血球，認識自己的血型。幾乎所有高一生都會選修生物，但在科學課程進入化學與物理後，修生物的人數就減少了。

在各項較新研究領域中，神經科學與生物科技學家的工作成果已導致生物學被列名各科學學門中複雜程度最高者。一九八〇年代，諾貝爾物理獎得主、在芝加哥附近費米實驗室（Fermilab）工作的李昂・李德曼（Leon Lederman）就認爲，學校所教的科學不及他希望學生學習的科學，因而創辦了伊利諾州數學與科學學校（IMSA），專收十到十二年級有科學天賦的學生。二〇〇九年這所學校獲得英特爾公司的特優學校獎。二〇〇七年他在發表於《教育理想國》雜誌的專欄「科

學去舊迎新」（Out with the Old, In with New Science）中解釋了自己的觀點：

大多數中學使用的科學課程開發於十九世紀。這種陽春型的課程遵循全國委員會一八九〇年所設計的次序，學生先修生物，再化學，然後在十一或十二年級修物理——如果有修的話。由於當時認為修習物理所需的數學知識高於生物，這樣的次序安排是合理的。但在二〇〇六年，這種推理方式就顯得荒謬……

今天，我們知道各學門的分別建立在天然的級系上。把它想成一座金字塔，最底層是無需任何其他學門知識的數學。但第二層的物理，因對數學的依賴程度太高，以致自行開發了數學的分支學門。

物理之上是需要物理解釋其化學程序的化學……由於萬物皆由原子組成，有關其結構與功能的基本了解應納為科學先期教學的內容……而一旦所研究的分子夠複雜，則我們已進入分子生物學的領域。與重力等定律的廣泛運用自然也應是物理課程的特色。

各學門間的深刻關聯也預示專業發展的重大改變。我建議老師將約二成的時間用在與同僚的互動，以培養新的教學策略。這些互動的部分內容應集中在如何磨練說故事的技巧……更深入探索科學：它如何運作、如何不運作，科學的本質、歷史，以及誰做了什麼、如何做到的。這種做法勢將減少各學門的部分內容，但這是一種必要的取捨。

在世界各國，美國獨缺中央化的教育行政體制。我們有五十州、一萬六千個學區及兩萬五千所公立中學。在二十一世紀，我們對一貫性的國家教育政策有關鍵性的需求……對我們過時的科學教學方法進行革命性的更新將是一個偉大的開始。④

IMSA的課程安排翻轉了這種由生物而化學再物理的千層糕式高中科學教學方式。它不但反映現代知識，也著重深度和廣度。以一年爲期的概論式教學被一學期的主題式課程取代，以讓學生更深入了解生物化學、環境化學、應用工程、進化、生物多樣性與生態學。這種結構也反映在英文課程的安排上，設計以學期爲單元的課程如「創意群像」，在其中檢視藝術、科學界有創造力人物的生平；「個人的概念」，其中將杜斯妥也夫斯基的《罪與罰》與莎士比亞的《李爾王》

並列比較；以及「世界文學：現代小說」，其中收納奇努阿・阿切貝（Chinua Achebe，譯註：奈及利亞詩人、小說家）、《羅生門》作者芥川龍之介、波赫士與福克納等人的作品選讀。

在我們重新修訂中學的STEM（譯註：科學、科技、工程與數學四個英文字的頭字母組合）課綱時，也應同時對小學進行同樣的工作。MIT媒體實驗室的西摩・帕博直指一至十二年級課程核心的問題：「我們先教數字，然後幾何，其次微積分，再而物理。錯了！應先教工程，再由此抽出物理，再由物理抽出微積分的觀念，最後單獨分離出純粹的數學。讓學前或一年級學童先學工程，把純粹的數學留給高年級的方式，要比反過來好多了。」[5]讓學童用他們的雙手去製造物品，如樂高機器、房子、車子，並藉此學習運用數學或科學的抽象概念，遠比餵他們一大堆抽象算術規則好太多。

從教科書式學習到專題式學習

相對於以教科書爲基礎的學習，國內外許多教育者都知道，專題式課綱結構有助於提高學生投入，引導學生以更深入、有意義的方式學習，並可讓學生對於學什麼、如何學有更多的選擇。當課綱、指導原則及評量走出教科書，並走入專題計畫要帶來的眞實世界脈絡後，一切都改變了。學生與老師不必表面地教授與學習教科書的章節，可以透過結構化的研究計畫去探索更複雜的問題。在調查開放結論問題的過程中，學生必須自行決定何種來源的資訊最有價值。致力這種改革必須在教授與學習的所有層面推動革命，且將耗時數十年才可能成功。

教育理想國記錄ＰＢＬ的優點已逾十三年，肇始的「教育理想國經典」是記錄加州聖地牙哥郡朱拉維斯塔（Chula Vista）清景特許學校（Clear View Charter School）⑥老師吉姆・狄克曼（Jim Dieckmann）的四、五年級課堂，以及一項關於昆蟲的計畫。這個計畫是ＧＬＥＦ的第一部記錄片，片名《學習與生活》（*Learn & Live*），片長約一小時，由演員羅賓・威廉斯主持。

學生在自家後院與校園搜集昆蟲，運用網際網路對牠們進行研究，以視訊會議向專家請益，製作書面及口頭報告。其中令人印象深刻的創新之一是聖地牙哥的科學家以電子顯微鏡詳細向學生展示、解說這些昆蟲顎部、翅與腿的生理結構。

一九九七年《學習與生活》壓製成ＶＨＳ錄影帶，大量發送。這也是時代快速變化的事例之一。十三年來，這部影片總共以五種媒體重製：ＶＨＳ錄影帶、公共電視播出、CD-ROM、DVD，以及現在的網路影片。雖然今天不論網路、電話會議等科技功能都更爲強大、廉價與普及，但昆蟲計畫的開創性歷久彌新。就在兩年之後，伊利諾大學獲國家科學基金會補助，設立「昆蟲顯微鏡」（Bugscope），將這個計畫提供給任何有網路連結的學校使用。學生搜集昆蟲，將牠們送伊大後，就可以放到價值六十萬美元的電子顯微鏡下觀察。[7]

昆蟲計畫耗時六週。大多數計畫耗時二到六週，偶爾也有些老師會將數個計畫串聯起來。但專題式學習並非用來加入傳統課程，而是以新的方式組成完整課程，用以取代傳統課程。

這種全學科性的PBL仍十分罕見，且經常受挫建基於資訊及背誦的評量制度。在整個評量制度的架構改變以前，只有少數的學校董事會、校長或老師有勇氣實驗完全採取PBL，同時妄想學生仍能通過考試。

大學先修課程的專題式學習

貝爾維尤（Bellevue），華盛頓州

二〇〇七年「沒有一個孩子落後」法案正如火如荼推動之際，GLEF決定投資一項挑戰當前觀念的計畫。董事長喬治・盧卡斯推動開發一個PBL的完整課程。他很清楚，爲爭取可信度，這樣的課程不能僅以PBL常見的口頭或書面報告來評量學生的學習成果。爲說服決策者及批評者，學生的學習成果還必須以標準化考試來評量。許多人將美國大學委員會所舉辦的大學先修課程（AP）考試視爲高中生程度的黃金指標，還有什麼比它更適合的呢？由於其他教育研究計畫資金提供者似乎無意資助PBL，GLEF雖非提供獎助金的基金會，但仍掌握到這個做點事情的機會。

在GLEF共同創辦人兼副董事長、盧卡斯電影公司的遊戲主管阿諾德領導下，我們與華盛頓大學、貝爾維尤學區專精人如何學習的專家與研究團體取得聯絡，包括貝爾維尤當時的學區長麥克・芮利（Mike Riley）。芮利是有遠見且進步的學校領導者，是對學生與教師運用科技能力有深刻認識的「數位學區長」。芮利本人與我們開會時會隨時打開筆記型電腦，當場叫出學生參加AP考試成績或修習的學科等資料。在這些大學與學區研究者熱情感召下，GLEF同意提供這項計畫第一年所需資金。

二〇〇八到二〇〇九年，「行動中的知識」（Knowledge in Action）計畫在貝爾維尤的三所高中實施。我們的目標是提供一門「美國政府與政治」課程，為期一年，不但完全採用專題式學習，期末並以前述AP考試及另一項深入研習考試，對學生學習成果做雙重評量。華盛頓大學「正式與非正式環境學習中心」（LIFE）的約翰·布蘭斯福德（John Bransford）與蘇珊·莫斯柏格（Susan Mosborg）兩位博士簽約擔任這項研究計畫的主要研究者，與貝爾維尤學區課綱幕僚、教師，以及華盛頓大學中有關學習科學、政治科學及教師進修專家共同進行。⑧

大學先修課程中的美國政府與政治課

大學委員會所制定的美國政府與政治綱要涵蓋六個主題：基本憲法，政治思想與行為，政黨、利益團體與媒體，國家機構（國會、總統、聯邦政府及法院），公共政策，民權與自由。但在我們「行動中的知識」課程中，這些題材並非以線性敘述的方式教學，而是在一年的時間以一組五個「計畫循環」的方式串聯在一起。這些計畫爲：

1. **為 Ixlandya 建立政府**。學生們變身爲聯合國特派小組成員，對 Ixlandya 這個新由獨裁政治中解放出來的虛構國家建立憲法民主政治提供諮詢。
2. **造成影響**。學生與政府及社區領袖互動，提出公共政策建議。
3. **第一百一十一屆國會**。學生在華盛頓大學政治科學教授約翰・威克森（John Wilkerson）所設計的網路虛擬國會 LegSim 中擔任新科國會議員，參加委員會並提出法案。
4. **二〇〇八年大選**。學生扮演政黨策略家，向十一月總統大選候選人提出建議。
5. **最高法院**。學生扮演院、檢雙方，在庭訊中言詞攻防。

透過這些計畫，學生逐漸培養專業與團隊合作。他們運用網路進行研究、訪問當地官員、製作報告、收受專家回饋，並形成他們對課程主要問題的答案：民主政治中政府的適當角色爲何？運用形塑性的評量，學生與老師定期檢討並修正他們的功課。學生並使用攝影機記錄他們的課程經驗。教育理想國的記錄片工作人員一年數次搜集這些課堂中的影像與訪談記錄。

一個半實驗性的研究會將傳統以教科書爲基礎的大學先修課程班級，以及根據專題計畫安排課程的班級進行比較。其中有兩項研究：甲研究是比較兩所較好高中的學生的學習成果；乙研究是將前項研究以傳統方式教學的好高中學生的成績，與另一所較差高中學生的成績拿來比較。

儘管學年開始遭遇教師罷工，縮短了學習時間，但第一年的研究結果仍相當令人振奮。在甲研究中較好高中接受PBL教學的學生，在「美國政府與政治」的先修課程考試中，成績明顯較好（評分由1至5，1爲低，5爲高，3以上及格），他們得到4^+或5^+的人數遠超過傳統教學法的學生。

在這項課程開始前與結束後，學生也都參加「複雜情境測試」。在測試中，學生必須虛擬一個在真實世界中參與民主政治可能遭遇的難題並設法解決，例如向國會議員提供政策建議。在甲研究中，PBL學生在成果評量的四個面向上的表現都明顯較好。另在課堂參與的四個面向上，PBL學生在其中兩個面向上自我評量的參與程度也較高。

在乙研究中，來自排名中等學校的PBL學生在大學先修課程考試中的表現，與來自優良學校的傳統教學學生相同。而前者在複雜情境測試的四個評量面向的表現，均優於後者。

這些研究結果初步支持以下假設：在大學先修課程上，嚴格的專題式學習可能使更多不同背景與讀書習慣的學生，在更高階的功課上有成功的表現。「行動中的知識」正透過課堂錄影帶了解其中的活動與互動，以便更進一步說明。

在研究第二年期間，二〇〇九到二〇一〇年，在比爾與梅琳達・蓋茲基金會（Bill & Melinda Gates Foundation）提供額外支援下，這個專題式大學先修課程再度開放選課，並與傳統教學班級比對評量。這個計畫正在設計第二門大學先修課「科學」，打算在市區有較高比例貧困家庭子弟的學校同時開課。

很不幸，芮利在這個計畫的第一學年突然過世。這個計畫能開始進行，要歸功於他的熱誠與領導。他曾任大學委員會的副主席，本來可以是專題式教學融入下一世代大學先修課程考試的重要推手。作爲學區長，他毫不歇息地挺身對抗官僚與險阻，帶領美國學校進入二十一世紀，事蹟足爲表率。

汽車大賽的啓發

《教育理想國》雜誌所有報導中我最愛的一篇是二〇〇七年七月號的封面故事，一群非洲裔美國青少年搶著站在一輛嶄新的鮮紅跑車旁拍照。⑨如果不知道這是一本有關教育創新的雜誌，你會想：不錯，這群青少年正慶祝買了新車。但這篇以〈自動推進：青少年打造獲獎電動車〉（Auto Motive: Teens Build Award-Winning Electric Cars）爲題的文章，講的其實是這一群青少年合力打造了這輛電動車。他們把車子命名爲K-1 Attack，並在全國最悠久、競爭最激烈的替代能源車輛設計比賽「太陽能車大賽」學生組中奪冠。

這些來自費城或其他都市貧困市中心的青少年，不像是會設計車子的人。得獎團體的老師席蒙・郝格（Simon Hauger）引述一項熟悉但仍令人震驚的統計：這些孩子有一半會中輟，未中輟的一半中也只有二成能通過州級的考試。在全國性評論話題聚焦在市中心的「中輟生製造廠」學校，聯邦「奔向顛峰」（Race to the Top）補助款要求各州改善這些學校之際，費城西區的青少年如何打破這項統計的宿命，獲致多數人難以想像的成果？是什麼將不可能化成了可能？

汽車學院

費城，賓州

這是一個有關「學校中的學校」的特別報導：西費城中學汽車應用與機械科學學院（以下簡稱汽車學院）。它的祕訣在於重新設計課程，以結合現實世界的複雜知識；將課程融入學生覺得有吸引力的專題計畫中；徵召一群在眞實世界中學有專精，且能彼此互補的老師；創造一個團隊文化，讓學生合作，在老師指導下向共同目標努力，並利用晚間、週末、暑假學習。

汽車學院這種新型態的高中經驗結合本書提到的許多創新，獲致更高層次成就，就像那輛電動車所象徵的。這些學生學習設計與工程專業，有朝一日可能用來創造美國新汽車工業，這很值得決策者與業界領袖付出應有注意。令人欣慰的是，福特汽車已邀請這些學生參觀他們的實驗室。

汽車學院共有一百四十位學生，課程包括一般數學、科學，另有專業技能課。眞正熱門的是渦輪增壓的電動汽車俱樂部，共有十五位學生，合稱EVX團隊，負責設計和製造汽車。郝格原本是數學、物理老師與電機工程師，他在一九九七年爲提供課後輔導而創辦這個俱樂部，並擔任指導老師。

他遭遇最大的困難是學校原本的課程排得太緊，很難在其中插入跨學科領域的計畫課程。不得已，只好先安排在正常上課以外的時間，包括在暑假安排密集的課程，讓學生研究動力與工程設計。郝格說：「這就是我們想像學校應有的面貌。學生和老師一起坐下來，思考如何以一種能激起學生興趣與創造力的方式進行這個（打造電動車）計畫，同時也可以學到基礎學科的內容。」

在爲期八週的暑期課程中，學生既可獲發津貼，又可以研究生質燃油的化學機轉，因此獲知由大豆做成的燃油會產生的副產品是肥皂。此專題課程與卓克索大學（Drexel University）的合作非常有價値，徵召了大學生來教導電腦輔助三輪汽車設計。國際演講協會（Toastmasters International）也派人來指導學生發表計畫最終成果的技巧。拿自己跟學生比，郝格說：「我講的也不會比他們好。當你談到才能，那當然也是其中之一。」

郝格是「大景學習」（Big Picture Learning，譯註：美國一個推動學校及教育改革的民間團體，也提倡專題式學習）粉絲之一，他將成果歸功於教學團隊：「事實是，我們有一小群學有專精的成年人。這個計畫的架構讓我們可以開發運用學生的創造力。前兩天有個學生在工作坊中說他不知道怎麼做，我們就說，我們教你如何操作電鋸。我們絕不會說，既然你不會做，讓我另外找一個會做的學生。由於這個計畫要求學生學習各種事物，所以隨時都有問題要解決，隨時都有很好的學習機會。首要之務是與這些孩子建立關係。」

郝格也推崇學生的創造力：「這些學生雖非很懂設計或物理，但他們的思路卻非常有創意。他們經常提出一些超乎尋常的點子，大多數都不切實際。他們看事情的方式永遠不同於我們。但偶然間，重要的東西，例如K-1 Attack的外觀，就蹦了出來。在二〇〇一、二〇〇二年，這些學生知道這種車子的社會接受度並不高。有一個學生說：『我奶奶可能會開一輛Prius（豐田車廠一款暢銷油電混合車），我可不會。我們乾脆造一輛超快的電動馬達，並搭配柴油引擎以省油。』」

這支西費城的EVX團隊由於在學生組比賽太成功，決定跳級參加成人組。二〇〇九年秋天，他們參加進步保險公司（Progressive Insurance）所贊助的X大賽。這是一個多階段的比賽，參賽者包括許多《財星》雜誌前五百大公司所組成的隊伍，競相設計超級省油（每加侖可跑一百英里）並可大量生產的汽車，以爭取金額高達一千萬美元的獎金。主辦單位宣布二〇一〇年的道路表現比賽將於密西根州舉行時，會場主持人包括了副州長約翰・厥瑞（John Cherry）、能源部官員派崔克・戴維斯（Patrick Davis），以及X大賽基金會主席彼得・狄曼迪斯（Peter Diamandis）。

郝格說明EVX團隊的策略：「我們問：『一個年輕都市駕駛人需要什麼？』買得起，而且要好看。你在市區開車，限速五十英里以下。我們把一輛福特Focus改裝成充電式混合車，而且能純靠電力行駛。我們使用現有的車架，確保它不但能讓人買得起，也符合安全規定。我們要一輛輕量、符合空氣動力的小車，Focus符合這些條件。」爲提交比賽所需的詳細商業運作計畫，EVX團隊請卓克索大學一群企業管理碩士班學生協助研擬，要在這個城市創造一些製造業的就業機會。

當然，在這種世界級的比賽裡，一群高中生不可能贏得第一。但在最初的一百二十隊中，只有四十三隊獲選參加道路賽，而西費城EVX團隊就是其中之一。二〇〇九年十月他們上了《今日秀》，出現在一個由珍娜・布希・海格（Jenna Bush Hager，譯註：前美國總統小布希的女兒）報導的單元中。[10]她問他們的住家環境，一個學生回答：「毒品與暴力泛濫，還有許多不好的情況。如果我另有其他想法（未參加這個計畫），我的下場會很悽慘，一定會去吃牢飯。」

能參加道路賽是一項重大成就，但別急著爲他們下定論。他們的商業與技術/設計計畫是少數不需再修正的。想知道這個團隊最後的結果，請上X大賽官網。他們也進入替代車輛組，正在設計一輛跑車，希望能打破Prius所保持的時速一百三十二英里的記錄。他們相信自己的車子將能跑到時速一百六十英里，且仍能保持每加侖一百英里的耗油量。

《教育理想國》雜誌這篇報導還談到一位名叫泰莉・蓋伯（Terrie Gabe）的隊員如何不畏險阻獲得成功的故事。二〇〇六年她負責修正K-1 Attack的懸吊與車體，並使該車第二年蟬聯冠軍。作者金妮・菲力普斯（Ginny Phillips）在這篇報導中說：

> 泰莉・蓋伯……十七歲時因媽媽過世，自十年級輟學。她找到一個全職的工作，以便養自己和弟弟，還為弟弟報名參加汽車學院。兩年後弟弟死亡，她決定復學。她在叔叔的修車廠長大，喜歡汽車，因此決定申請加入汽車學院。由於需要工

作收入才能生活，她轉為晚班，由晚上十一點工作到清晨五點四十五分，然後直接到校，從七點開始上課。

之前上傳統中學時，她經常必須為上班而翹課，成績也多為C和D。二〇〇六年她二十一歲自汽車學院畢業，雖每週課餘還必須工作四十到四十五小時，但成績都是A，而且不曾缺課。

著名的藝術教育家肯・羅賓森爵士（Sir Ken Robinson）在他的書《讓天賦自由》（*The Element*）中，運用死谷一個特殊事件來形容教育應提供正確氣候以利學生發展茁壯：

離我洛杉磯家數百英里外是死谷，地球上最乾、最熱的地方之一，因少有生物而得名。原因是雨量太少，平均一年約兩英寸。但二〇〇四到二〇〇五年的冬季卻發生了特別的事——下了超過七英寸的雨，是幾代以來首見。到二〇〇五年春天，更特殊的事發生了。鮮花遍地，死谷充滿新鮮生命……

它所證明的當然是，死谷未死，只是睡眠；它只不過在等待生長的環境……人類與人類社群亦復如此。

教育理想國網站上有一段羅賓森爵士的談話影片，並有字幕。⑫

作爲學習者，泰莉・蓋伯就如同一顆休眠的種子，只在等適當的條件萌芽茁壯。雖有堅持與動力，但也差點屈服於生活與前一所中學的艱困環境。她蓬勃發展的唯一所需只是新學習環境的豐潤雨水，以及知道如何栽培她的老師。但正如郝格所說，各項必要條件甚少同時具備，也可能很難持久。

泰莉反省那一年的成就：「那是有大量樂趣的一年，身體力行，具挑戰性。我有機會從事自己有興趣的事，全力投入汽車設計，並與老師及同學通力合作。我以前從無身爲團隊一分子的經驗。」她的說法簡要說明了專題式及合作學習的價值，以及所將導致的新師生關係。如果我們同意所有高三生應該能表示同樣有成就的感受，我們就應該建立同樣的環境，讓他們去體驗。泰莉的案例應激勵更多這類學校的設立。

連結高中、大學與職業

費城共有二十八所類似汽車學院的學習機構，分設於十六所高中裡，總共有四千五百位學生。這些學院最早的於一九六九年設立，是對六〇年代都市暴動的因應措施。當時企業與社區領袖聚會共商，希望能建立新的模範，將青少年導向教育與就業，而非暴力。總部設於紐約的全國學院基金會（National Academy Foundation）協調這個全國性的組織網，在美國四十一州、一百七十七個學區的三百八十五所中學裡，設有五百個學院，其中二百五十三所教財務金融、九十八所教旅遊與接待、一百三十二所教資訊科技、十三所教工程。[13]

以前的職業教育將中學裡「不是大學料」的學生集中施以建築、電工與技工教育，以爲就業的準備。但前述學院絕非新版的職業教育。就像汽車學院所顯示的，它的目的並非教學生修理汽車，而是設計新車。這些學院爲學生接受中等以後教育做準備，包括社區或技術學院，以及四年制大學，提升他們就業的長期展望，而這又與是否具備大學學歷有密切關係。課程中包含的職場實習制度意在提供學生職業環境經驗與導師，以協助他們將學校所學連結到現實世界。

目前粗估美國約有三千所職業學院，水準與課程的嚴格度參差不齊。我們的目標是結合學術、技術課程與職場實習制度，以整合職場與學校的學習。但就像郝格的經驗所顯示的，在傳統課程課綱下，這樣的整合並不容易。而且有些職場並不歡迎高中生加入。一個嚴格的學院模範有賴學校老師與雇主導師之間密切溝通。

聯結（ConnectED）

加州

持續這個發展並擴大規模最力的當數加州大學與職業中心的非營利組織「聯結」（ConnectEd）。它成立於二〇〇六年，主要資金來自詹姆斯爾文基金會（James Irvine Foundation）。[14]「聯結」成立不過四年，就成爲加州以及全國執牛耳的組織，通過協調、領導、遠見，將職業學院的概念帶入二十一世紀。這個組織確認「聯結學習」（Linked Learning）的四個核心成分：

1. 具挑戰性的學術課程，以使學生能進入大學或其他中等以上教育，包括四年英文、數學（內含代數、幾何與統計學）、二年科學、三年社會科學、二年外國語文以及一年視覺與表演藝術。

2. 嚴格要求的四門以上技術課程。

3. 以工作爲基礎的學習，包括現場與線上擬眞實習。

4. 支援性服務如諮詢、家教等。

二〇〇八年我成爲「聯結」的董事，相信這個模式是重新發明加州中學的最佳希望（加州中學生占全國百分之十三）。「聯結」與十個協辦學區，包括長堤、巴沙迪納、沙加緬度、洛杉磯、聖地牙哥、斯托克頓，共同推動設立「聯結學習學院」，學習領域均與加州經濟息息相關，包括生醫、健康科學、財務金融、資訊科技、娛樂、（旅客）接待與旅遊、法律與司法等等。聯結學習讓學生可以在不同管道中選擇符合自己興趣的領域，並接觸自己可能從事行業中的專業人士。聯絡學習根據各領域的最新發展重新設計課程，強調專題式與合作學習，以及整合科技。「聯結」總裁蓋瑞・霍奇蘭德（Gary Hoachlander）博士說：「這項工作的重點是改革中學，鼓勵並協助學生更加了解自己爲何必須學有專長。」

十個學區間的協調合作包括開發一個網路平台，讓各校學生與老師能獲取課程單元、資源、學習計畫、聯繫專業人士，並發表工作成果。這種型態的教育網路的可貴之處不僅在於可供學生與老師共同使用，並能將成果顯示給更多利害相關人士，包括教育行政官員、父母、學校董事會及議員。

舉例來說，「聯結」網站上有一個影音走廊，顯示學生所獲經驗。在隆波（Lompoc）的太空科技與機器人學院（STaRS）裡，高三生崔・韋農（Trae Vernon）計畫進大學讀土木工程。STaRS 的學生都在附近的范登堡空軍基地實習。他們從小就經常看到這個基地發射火箭，現在他們正在學習到這裡工作的技術。身爲一個籃球員，崔希望學習設計和工程，以便成爲 NBA 球場的建築師。

安娜・希可（Ana Sical）十年級時差一點進不了聖地牙哥的建築科技學院（Construction Tech Academy）。安娜回想自己在第一所中學的態度：「有點像有到就好。我老是遲到，老是缺課。後來我到了這裡，他們差一點不要我……我在這裡發現自己有一個未來，所以我認眞投入。」影片中她正以電腦輔助軟體設計建築物。校長形容她抓牢了跟班與實習的機會。她畢業時榮膺致詞代表，後來成爲家中第一位上大學的人。安娜目前就讀聖地牙哥加州州大，主修建築管理，獲有全額獎學金。一旦學生走上正途，他們進步神速到令人驚訝。

在第三部影片中，就讀沙加緬度亞瑟班傑明醫技中學（Arthur Benjamin Health Professions High School）的歐柏德・烏達多（Obed Hurtado）正在物理課堂中學習光的特性。他在一次隨班級參觀加州大學戴維斯分校的生物光子中心時，對這些物理原理印象深刻。他們也見識了雷射作爲手術刀，以及實驗不同顏色雷射如何與身體組織互動。學生與老師穿手術服到校，歐柏德說這給他「幫助他人並成爲領袖」的感覺。他計畫從事放射學。他的英文老師瑪莎・史坦利（Marsha Stanley）給班級的作業是閱讀一九九四年一本有關伊波拉病毒的暢銷書《伊波拉浩劫》（*The Hot Zone*）。歐柏德遭遇困難時，她以希望將來他能當她的醫生來鼓勵他。「聯結」網站上的影音走廊還包含加州社會教育督學傑克・歐康奈爾（Jack O'Connell）評論聯結學習的潛力，以及它強調親自做的整合課程。

成果證據：職業學院

相較於同一都市地區一般中學生畢業率只有百分之五十，全國學院基金會（NAF）的學生有百分之九十以上畢業率。

每五個NAF學生中有四個繼續升大學或接受其他中等以上教育。百分之五十二的NAF學生在四年內獲得學士學位，一般學生的比率只有百分之三十二。⑮

在繼續接受中等以上教育者中，超過一半以上是其家中第一位。

百分之九十的學生表示學院有助他們規畫職業生涯。

畢業五到十年內的人有百分之八十二在一個專業領域任職。

職業學院學生在中學畢業後八年內賺的錢比非職業學院畢業生多一萬六千七百零四美元，且平均每年多百分之十一。⑯

年輕男性職業學院學生畢業後八年薪水增加三萬美元，比非職業學院畢業生平均每年多百分之十七，原因包括薪水較高、工時較長與職業穩定。

畢業八年後與配偶、子女自組家庭獨立生活的職業學院學生，比率高於一般中學畢業生，男性尤其表示婚姻與子女教養因此受益。

「聯結」與柏克萊加大「職業學院支援網」（Career Academy Support Network）合作的研究結果顯示，職業學院學生有百分之五十修習完成申請進入加大所需的課程，而全國一般學生的比率只有百分之三十九。二〇〇五年職業學院學生通過中學畢業會考的比率也更高，其中非洲裔學生通過的比率爲百分之七十一，全州非洲裔學生通過率則只有百分之五十五。職業學院高三生畢業率爲百分之九十六，而全州平均只有百分之八十七。⑰

全球化：學習網路化

現在，在每個人的二十一世紀關鍵技能列表中，全球化思考能力都名列前茅。P21機構（Partnership for 21st Century Skills，意即合夥爲二十一世紀技能）所發行的《二十一世紀學習架構》（*Framework for 21st Century Learning*）一書，將「全球意識」（global awareness）列爲五項跨學門主題之一，與其他四種新知識能力並列（財務與經濟、公民、健康以及環境），應該融入傳統課程學科中。這個架構將全球化知識能力定義爲：「運用二十一世紀技能來理解並處理全球性議題，能以互相尊重與開誠布公的態度與來自不同文化、宗教及生活型態的人在個人、工作及社群環境中合作並從中學習，同時了解其他國家與文化，包括能夠使用英文以外的語文。」⑱

P21網站同時列舉若干提倡全球化學習的網站，包括：世界中的北卡（North Carolina in the World）、威斯康辛州成就全球化知識策略（Wisconsin's Strategies for Achieving Global

Literacy）、設於波士頓的團體「主要來源」（Primary Source）、亞洲協會（Asia Society）、最早提倡年輕人全球化學習的國際教育與資源網（IEARN）、北達科他州大狄金森校區的北達科他州全球化意識倡議（Global Awareness Initiative from North Dakota），以及布朗大學的國際研究中心（Institute for International Studies）。全美超過二十五個州有提倡全球化學習的組織活動，並且是學校國際教育各州聯合組織（States Network on International Education in the Schools）的會員。這個組織的合作對象包括亞洲協會與遠見基金會（Longview Foundation）。亞洲協會的網站可以連上一個互動地圖，顯示所有這些相關學習活動。[19]

就在教育家與決策者對「平的世界」回應之際，今天的學生世代也有濃厚興趣了解世界其他地區。拜網際網路之賜，今天的年輕人隨時可與不同國家的同儕取得聯絡，也能輕易存取不同來源的國際知識，包括BBC世界新聞或半島電視台的新聞節目，或如同我一位同事的十來歲女兒一般，利用Shard Talk或Skype向義大利年輕人學義大利文。今天的學生真正是我們全球化的第一個世代。對他們而言，網際網路已讓他們的學習「網路全球化」（Internet-ional，譯註：作者合成Internet與international二字）。

教育理想國二〇〇四年起與亞洲協會合作，記錄領導學生走向國際未來的最佳學校。我們合力製作許多影片、文章、國際教育領袖錄影訪談，以及兩張光碟片，[20]其中涵蓋的學校與學生包括：

- 芝加哥的華特培頓大學預備中學（Walter Payton College Prep High School），學生在此於五種語言（包括中文）中擇一修習四年。校內的遠距教學中心讓學生可與由南非到中國在內的各國學生舉行生動的視訊會議。學生並參加家庭住宿交換。中國教育部出資在美國各大學設置孔子書院，以推廣學習中國語言與文化。華特培頓是全美唯一設有孔子書院的中學。
- 聖安東尼奧的美洲國際學校（International School of the Americas）的課程包括參觀當地博物館、赴墨西哥旅行，以及參與模擬聯合國活動。我們的影片記錄一位別具巧思的老師，由於遭遇田野調查所牽涉的巴士費用問題，乾脆自己考了一張巴士駕照，載學生外出調查就不假外求了。
- 西雅圖的約翰史丹佛國際學校（John Stanford International School）是一所幼稚園到五年級的小學，在語文課上採取西班牙語與日語混合教學，而且從最小年級開始。對於許多認爲混語教學會妨礙其他課程教學的教育者，此校的案例顯示學習第二種語言可與閱讀、數學等課程齊頭並進。雙語教學是雙向的：該校設置雙語訓練中心，以協助移民子弟學習英文。
- 透過「國際教育與資源網」的第一住民計畫（First People's Project），密西西比州巧陶郡（Choctaw）的學生與泰國的原住民學生分享故事。在學校老師與部落長老指導下，這些美國學生學習泰國原住民的故事、歷史，以及他們對外在世界的理解。在獲知泰國學生兼網路筆友的需求後，這些美國學生曾發動勸募毛毯，捐給對方。

- 奧勒岡州波特蘭市的幼稚園至十二年級學生的「日語磁石（混教）計畫」（Japanese Magnet Program）。由於研究已證實兒童大腦適合學習語言，且學習第二種語言有助認知發展，這個計畫即據此設計。五年級學生學習運用日語文字處理軟體寫電子郵件、接待日本學生，並到東京附近拜訪他們。八年級學生則赴日本居住二週，以完成一項跨學科的計畫。
- 聖地牙哥的高科技中學（High Tech High），該校學生以肉類樣品學習DNA檢測技術，以調查非洲市場的盜獵肉類。學生與老師前往坦尚尼亞，爲當地的野生動物官員舉辦工作研討，教他們辨識叢林肉。學校中人文與科學老師的團隊教學也很常見，例如「水道至和平計畫」（Waterways to Peace Project），探討非洲政治與水資源缺乏的關係，如何導致一間淨化水模範工廠的設立。
- 新罕布夏州的十三歲男孩狄蘭（Dylan）參加了甲骨文教育基金會（Oracle Education Foundation）所舉辦的青年網頁設計國際競賽。狄蘭是教育理想國十個數位世代側寫人物之一，他與從未謀面的阿根廷、日本、印度年輕人合作，製作了獲獎的網站「終身監禁」（Sentenced for Life），談虐待動物問題。

美國學生能連結其他國家同儕的好處之一，是能讓他們了解自己生活在富裕國家。一旦獲知世界上大多數人每天生活費只有三美元以下，他們就會更感激自己在世界上所處的位置。二〇〇三年我們發行首部全球化故事集，內容描述北卡羅來納州溫斯頓沙倫的公園地中學（Parkland High School）學生與摩爾多瓦的學生透過網路溝通（我得承認，我也要去地圖上找才知道摩爾多瓦是前蘇聯成員國）。摩爾多瓦的學校每天只有幾個小時供電，讓學生用電腦、上網。正如一位學生莎拉・蓋辛斯（Sarah Gathings）所言：「我很窮，但比他們富有多了。當媽媽給我五塊錢時，我想，『這哪夠啊！』但如果是他們，他們就會非常感激。我對自己有的一切不夠感激，我應該感激的。」

美國學校中全球學習的成長是課程鋒面中最振奮人心的部分，而它的實現則有賴科技鋒面。許多學區正將全球化的內容融入各種課程主題，從很明顯的課程如人文、歷史、社會研究、外國語文、文學、音樂到世界文化，到比較不明顯的課如STEM（科學、科技、工程、數學）。STEM在環境議題、數學與科學歷史等研究上也走向全球化（例如，馬雅人曾經是最先進的天文學家與數學家）。這樣的課程鋒面包括創設新的課程，以教授較少使用、但對未來具關鍵影響的語文如中文、阿拉伯文等。

在許多提供課程、專業發展及其他全球化學習資源的組織中，我選擇兩個來討論。它們都具有全國與全球性的規模，且所設的網站都對教育者提供豐富的線上內容與協助。它們是紐約市的亞洲協會與華府的美國地理學會。[21]

亞洲協會的教育網站蒐羅與這些學校以及全國性教育運動相關的大量資訊，包括全球學習聯盟（Partnership for Global Learning）、模範學校、課後輔導的角色、課程單元與教學計畫，以及中文運動。這個網站有一個有趣的互動性地圖，顯示加州、喬治亞、懷俄明、內布拉斯加、康乃狄克、佛蒙特等超過十二個州所推動的政策。它對有意帶領學生出國的老師提供資源與建議，而出國正是踏出全球化理解的關鍵一步。

美國地理學會在全球議題教學上聲譽卓著，它高品質的教學材料與專業培養也廣爲人知。它的「教育網」（Education Network）提供作育人才者登入《國家地理雜誌》網頁及其網路社群。它的教育基金會專注於與各中學及大學建立合作關係，並帶動地理教育換上新貌，在「地緣知識」下重新定義爲：「對世界進行推理，以從事個人、專業或社會決策。生活在今天日趨複雜與互相連結的社會中，這是關鍵。」

亞洲協會與國家地理教育基金會都發行電子通訊，讓讀者了解最新發展。

二〇〇三年，教育理想國會報導尹娃・拉瑪（Eva LaMar）的「地緣知識」教學方式。她帶著舊金山灣區托里納斯小學（Tolenas Elementary School）的三年級學生研究當地一個沼澤的生態，參訪拉許牧場，以及仍營業中的鐵匠店，以了解當地歷史。他們的課程融合歷史、科學與藝術，並在高中學生的指導下製作影片與網頁，以呈現自己學習與工作的成果。拉瑪後來搬到奧勒岡，共同指導當地的地緣知識計畫。[22]

中文運動

我曾很有興味地觀察美國學校對亞洲語文與文化教學興趣的成長。我自己也努力學過中文，包括大學與研究所修了三年課，並曾赴台灣與中國，重溫中文的口語能力，但不包括閱讀與寫作。我從一九七〇年代開始學中文，預期將有機會前往中國探望我的長輩與同輩親人，並以中文交談。這個願望直到二十七歲才實現。能與他們以及當地教育工作者交談，讓我非常感動。

許多美國教育工作者抗拒在課程中加入亞洲語文的理由是認為中文太難，學生學不來。（難道中學裡的西班牙課程就足以讓學生精熟西班牙文嗎？）現在中國已成為世界強權，我相信中美關係已成為美國所有雙邊關係中最重要的一環，中國語言、文化與歷史的教育也會是世界和平與安全的關鍵。

放眼美國與全世界，學習中文呈現爆發性成長。這個過去只有亞洲專家才會研究的神祕、古老語文，現在已成各大學、中學選修人數爆增的課程。二〇一〇年一月二十一日《紐約時報》一則新聞引述應用語言學中心（Center for Applied Linguistics）的研究指出，十年前開設中文課程的美國公、私立學有三百所，現在則有一千六百所。㉓不過同一個研究也注意到另一令人困擾的現象：各中等學校俄文、日文、尤其德文與法文教學的衰退。這則報導還引述大學委員會副總裁崔佛・派克（Trevor Packer）的預測，二〇〇七年才首次開設的中文大學先修課程考試，即將在三年內取代德文，成爲西班牙文與法文之後第三受歡迎的語文。

由於專業中文教師人數不足，中國政府正爲美國學校提供教師。弗利曼基金會（Freeman Foundation）已資助六所大學開發中文教師訓練計畫。從接受混語教學的一年級學生到期望在上海謀得高薪職務的企管碩士，學習中文已成時尚。這些新課程都善用網路課程與套件節目，例如「活躍中文」（Active Chinese）及「到中國」（Go Chinese）。

亞洲協會透過設立「中文運動」（Chinese Language Initiative），一方面追蹤中文教學的成長，另外也對各地學校開設中文課程提供諮詢建議，協助教師取得證照，並舉辦國際研討會。該協會正推動「孔子教室」計畫，結合美國學校中總共一百個出色的中文教學課程，利用網路社群、專業發展及中國姊妹學校制度等。這些學校未來也將成爲區域內其他學校的資源提供者。亞洲協會前副總裁、現任資深教育顧問的薇薇安・史都華（Vivian Stewart）堅信：「遠距與混合課程的語文教學未來將有長遠發展。各州的網路學

校中已見語文課程的需求。在密西根州的一個遠距中文課程裡，研究生擔任大學生的會話老師。」㉔

這些發展必須花費很大功夫才能消除對中國語言與文化的誤解。正如一位中國官員在大學先修課宣布增加中文課程時所說：「許多美國人認爲中文很難學，但我們有十幾億人口說中文。」中文要學到流利，譬如閱讀報紙，大約要會四千個中文字。中國官方語言北京話有四聲，常是以英文爲母語者學中文最困難之處。同一個音，例如「ma」，可以寫成許多字（媽、罵或馬），各自有正確的四聲聲調。而且地區性方言，例如南方的廣東話，雖然有同樣的文字，但發音相差很多（美國英語就不致有如此大的變化了）。

但中文這種複雜性下又有許多簡單與美麗。不同於法文，中文沒有動詞變化，也無需時式。中文就直說一件事或一個動作何時發生而已。中文字有字根系統，稱爲部首，透露了字義的線索。比如說，與水相關的字都在左邊有形如水滴的「三點水」。學會寫中文字，便爲通往中國書法的美麗優雅世界打開一扇窗。古往今來，中國書法都是公認的最高藝術形式。本身也精通中文與日文的亞洲協會教育及中文計畫副主任李克利（Chris Livaccari）如此形容中文在認知、個人與專業上的好處：「在所有書寫語文中，中文獨具認知技能，它的圖形與視覺成分也在世界各語言中獨樹一格。學習另一種如此不同的語言，學生將可接觸、熟悉不同的溝通技巧、文化風俗，讓他們更具有全球競爭力、調適力，以及更廣泛的視野。」

亞洲協會網站上有許多有趣的研討會演講錄影，包括前美國駐中國大使洪博培（Jon Huntsman）。曾任猶他州州長的洪博培中文非常流利，從早年在台灣傳播摩門教時就開始學中文。他在演講一開始就引起台下雙語來賓一陣笑聲，他用中文說：「我跟你們說，今天美國所有州長只有一個人能說中文，那個人就是我。」在另一個《在美國學校學中文》的演講錄影帶中，在大學先修課程中加入中文的倡議者之一、大學委員會總裁蓋斯頓・凱柏頓（Gaston Caperton）說：「今天的學生實在必須了解世界。我認爲，這樣的了解不只爲世界帶來繁榮，更帶來和平。」到頭來，這就是全球學習的終極目標。

影像的語言

學校與學生生活脫節的重要表徵之一就是，電影工業每每製造重大話題，學校卻從未教育學生，電影如何做到這樣強力的溝通。在人類運用文字、圖片、聲音等一切手段溝通之際，學校卻獨鍾書籍、文本與寫作，棄攝影、劇場、音樂於不顧。學校課程均爲口語，但劇場卻可以結合所有媒介——口語、文字、圖像與聲音——成爲一個渾然天成的經驗。這種透過多媒體溝通的能力，已成爲另一個關鍵的二十一世紀技能，適用所有學門與行業。目前 PowerPoint 已被廣泛運用於溝通和說服，你試著比較一下常見的過多文字、過少設計的報告，與配置影像、圖形與音樂的活潑報告之間的差別，就知道我的意思了。

南加州大學電影藝術學院院長伊利莎白‧戴利（Elizabeth Daley）曾經討論過「多媒體識能」（multimedia literacy）這個新觀念。她寫道：

> 要閱讀或寫作一種媒體語言，並了解它如何在特定情境下創造意義，我們必須先了解影片構圖、色彩組成、剪輯，以及音、像關係、圖像與影像的脈絡、聲音如何傳送意義等等。譬如銀幕指導、取景框中物件的配置、色彩選擇、畫面轉化、消逝等原則，不只是用在讓銀幕溝通具視覺美感而已。它們對於一部電影如何創造意義，就如同副詞、形容詞、段落、對比、隱喻對於一篇文章的關鍵影響。多媒體同時也需要注意設計、引導、介面構建。滑鼠、點擊、連結與資料庫已取代傳統銀幕描述符號。㉕

雖然筆記型電腦、攝影機及製片軟體等的價格已將數位工具置於大多數學生隨手可及之處，但單是手中握有工具並不代表熟練，正如手中握有筆的人並不一定都是作家或畫家一樣。正確的課程與熟練的教師仍是關鍵，但今天的學校仍明顯二者均缺。

關心勞動力準備的決策者與教育家請注意：製作與行銷娛樂是重要的全球性工業，美國仍享有重大競爭優勢。我遇到許多學生，他們聽說喬治・盧卡斯對教育的遠見時都表示非常興奮，因爲他們自認也是視覺化與藝術化的思考者。他們都非常期待知道如何自我準備以從事娛樂工業，但看不出如何由對藝術與科技的興趣中找到通往電影、電視、動畫、電腦遊戲的門路。目前許多在電影、電視、音樂、電腦遊戲、主題公園從事藝術創意工作的人之所以成功，都來自他們在學校以外所培養的技能與天分，而非學校課程的用心栽培。

馬丁・史柯西斯（Martin Scorsese）與喬治・盧卡斯曾參與一些提倡在教育中加入電影藝術的組織。盧卡斯在教育理想國網站收錄的一次訪談中表示，現在年輕人身處媒體包圍中，卻少有機會研究其形式：

> 他們知道音樂，卻不懂音樂的文法。他們知道電影，因為他們在電視機前花費大量時間。所以他們知道視覺溝通，知道移動影像。他們本能地知道許多原則，但從來無人真正教過他們。我們上學，學了英文文法，知道標點、大寫、句型，也知道何謂動詞。但沒有任何人教過什麼是銀幕導演、什麼是視野、什麼是顏色……無論如何，我們必須在教育體系中平衡這些需求，讓孩子能運用一切溝通形式來溝

通，特別是在今天這個多媒體已普及的時代。[26]

史柯西斯和盧卡斯均擔任位於洛杉磯的電影基金會（Film Foundation）董事。這個基金會製作一項獨特與深入的教材，以協助老師與學生了解電影如何溝通：「電影的故事」（The Story of Movies）。[27]史柯西斯在催生這項教材上扮演關鍵角色，同時也是教材中的重要內容。此教材的目標爲中學生，但和所有好教材一樣，它也可以稍稍修正，將目標學生向上或向下延伸。教材的第一個單元是談《梅崗城故事》，於二〇〇五年出版，合作對象包括ＩＢＭ以及透納經典電影頻道（Turner Classic Movies）。

根據電影基金會的網站：「『電影的故事』並非另一門教導如何拍電影，或比較電影與原著的課程，而是教導學生如何讀取移動的影像。雖然老師常在課堂中使用電影，但並未廣泛將電影當作語言、歷史或文化記錄來教授。」在全國英文教師協會（National Council of Teachers of English）、全國社會研究協會（National Council of Social Studies）、國際閱讀協會（International Reading Association）以及其他組織協助下，「電影的故事」課程的製作群根據品質、教育價值與學生喜好，選擇了三部經典電影進行深度研究：《梅崗城故事》，一九六二年改編自哈波・李的同名小說；《華府風雲》（*Mr. Smith Goes to Washington*），法蘭克・凱普拉（Frank Capra）一九三九年拍的經典片；《地球末日記》（*The Day *the Earth Stood Still*），一九五一年羅勃・魏斯（Robert Wise）拍的片子。

當透納經典電影頻道宣布免費提供《梅崗城故事》的套式教材，共發送了超過一萬組，顯示教師們急盼高品質的多媒體識能教材。現在老師均可登入StoryofMovies.org網站，下載老師與學生指南PDF檔，並取得電影在課堂中放映。

這三部電影分別討論了美國歷史上的關鍵時刻，包括兒童扮演的重要角色、美國中學歷史課程標準、民權與種族主義，以及政府與司法制度的角色。「電影的故事」是建立在以下三個原則的跨領域課程：

1. **電影是一種語文**。學生學習如何爲影像框景、排序、賦予節奏，並與聲音結合。他們分析每一個場景的目的，以及它想要傳達的意義。
2. **電影是一種文化記錄**，學生可透過它探索電影所處的歷史時期，以及與主題相關的社會議題。
3. **電影是一種合作的藝術**，是從科學家到電影藝術家，以及文學、語言、音樂、藝術、設計與數位科技等各方面專業人士合作的成果。

《梅崗城故事》教師導讀共分成「什麼是電影」、「電影製作程序」、「電影語言與風格元素」、「歷史與文化環境」四章，專注於種族隔離法案、一九三〇年代種族暴力事件等議題。教學資源包括提供單元測驗與答案線索、以表演爲基礎的評分標準，以及電影基金會開發的「全國電影研究標準」（National Film Study Standards）。

「電影語言與風格元素」一章引導學生思考取景框的構成、鏡頭深度與角度的意義、取景框光線的原則——例如光線的方向、強度與品質——場景的安排如何顯示動作的順序，以及節奏、動態與音樂的曲調如何傳達意義。

在包含在教材組內的指導光碟中，收錄了兩位密西根州布魯費爾德中學（Bloomfield Middle School）的學生妮可・柏恩（Nichole Byrne）與赫雪・米拉貝（Herschel Mirabel）敘述她們對一段場景順序的理解。艾提可斯・芬奇（Atticus Finch）是由葛雷哥萊畢克飾演的寡慾律師，他招呼女兒史考特（Scout）上床。史考特問起爸爸自己從未謀面的媽媽。在她入睡後，鏡頭移往她的臥室窗外，轉向坐在門廊上雙人搖椅沉思的艾提可斯，他一隻手臂環繞椅背。全段場景沒有一句對白。

妮可回憶：「在這個場景裡，艾提可斯招呼史考特上床後走出去。史考特開始談到媽媽。但就在父女開始感情交流之際，鏡頭走到了窗外，走出孩子的世界。然後你就看到艾提可斯坐在搖椅上，手臂繞在椅背。你就感受到他在思念老婆。你也因此知道他確實有感情，而且寂寞。」

赫雪補充說：「而且他的手臂環繞椅背，宛如老婆坐在旁邊，但卻沒有。」這些學生正學習認識沒有文字的影像語言。就如馬丁・史柯西斯說的：「透過提出問題，指出不同的概念與構想，你訓練學生用自己的眼睛和心，以不同的角度看一部影片。」老師蘇珊・強生（Suzanne Johnson）說：「過去一些文學術語如預示、象徵主義、暗示等概念，學生很難理解。但在銀幕上指認這些概念，拆解之後理解，它們每個就都鮮活呈現在學生面前。」光碟中還有史柯西斯與柯林伊斯威特親自解釋他們小時候對電影的誤解，以爲每個場景都是照順序拍攝，都牽涉大量計畫。

教授電影「視覺文法」的學校代表課程鋒面中與多媒體識能有關的開路先鋒。由於影片已成網路的通用語言，這些學生在多媒體溝通的新藝術上已領先出發。他們正學習用有更多數位工具的調色板，在能夠傳達給全球觀衆的更大帆布上作畫。

也許在二〇二〇年吧，現在列爲必修的英文，以及由有藝術傾向學生選修的散見課程如電影製作、電影工業歷史等，將被整合成單獨的「傳播」課程，教授所有媒體形式，並列爲學生必修。這個課程的起源就在電影基金會的工作裡。這也是爲何我說馬丁・史柯西斯應爲拍攝「電影的故事」而得到一項教育奧斯卡獎。

教育心與腦

兒童並非一個容器，供每週傾倒事實，然後在考試時倒立，把所有東西倒出來。兒童是帶著所有感情與經驗，全心投入學習。

——佛萊德．羅傑斯

課程鋒面在一個更包容的視野下，也顯露了學生心與腦之間隱藏的關係。學生對自我、同儕及家人的感受大大影響了他們的學習能力。一個完整的課程應由心靈開始來驅動大腦。

走進任何一間教室，就能觀察這項關聯的具體呈現。有些學生十分投入，有些則顯然心不在焉。有人專心於當時的課業，也有人聊天、搗蛋，還有人厭煩不耐。每一個學生的學習態度都明顯呈現在他們的臉部表情與姿態上。我們很自然會祝福那些認眞的，放棄那些不認眞的，並認定這與智力、個性或家庭影響有關。但這樣的認定是非常危險的，尤其是學習的時鐘不斷滴答作響，連續幾年心不在焉或內縮不前就可能代表中途退學，或滑落人生的機會之階，更有甚者，被迫活在一個由外鎖住的極小房間內。

讓我們更仔細檢視一下這些心不在焉者。他們有些可能是悲傷、憤怒、消沉，有些則可能是害羞或具侵略性。還有些則可能正與同學、手足或父母爭執。所有學生都把自己的感受帶到課堂上，若是聰明的老師，會確認學生的社交與情緒面，知道學生身、心都感受良好時，大腦就會自然跟上來。

哈佛大學心理學家霍華德・嘉納（Howard Gardner）記錄了八種智能的「內省」與「人際」智能的差別，這八種智能包括口才、邏輯與數學、音樂與身體動感等等。他同時重新定義這些智能在二十一世紀思考與行爲中的角色。[28]他形容「內省智能」爲辨認與運用個人感受與動機的能力，能夠深刻了解自我。而「人際智能」則應用在與他人的關係上，能對他人感同身受，融入團體。

在我們最受歡迎的一部影片中，十年級男生喬・辛森（Joe Hinson）形容自己人際間學習的成長。他那時的功課是與兩個同班女生完成設計一所未來學校。他說：「最後我們開始打造學校模型時，不停爲瑣事爭執……我確實學習到如何與思考方式不同的人合作。非線性思考，不相信截止期限，她們眞的在框外思考。而我不同，我一定規規矩矩在框內。」[29]

心理學家與作家丹尼爾・高曼（Daniel Coleman）也透過他的暢銷書《EQ》與《SQ》改善我們對於這些智能如何在職場與課堂中運作的理解。高曼與嘉納都認爲這些能力與技巧並非靜態或天生注定，而是可以發展與學習的。如果所有老師都理解這種身、心、腦之間的關係，並教導學生，結果會怎樣？如果所有學生都學會確認並管理自己的情緒與感受，能夠建設性地表達它們，結果會怎樣？學生能夠增進他們的情緒智商（EQ）嗎？他們的社交關係與社會智商（SQ）也能夠增長嗎？而如果學生對自我與社交關係感受良好，課業學習能力會改善嗎？

針對以上問題，最近有一項研究分析給了響亮的答案：「正確。」芝加哥羅耀拉大學的約瑟夫・德萊克（Joseph Durlak）與伊利諾大學的羅傑・魏斯柏格（Roger Weissberg）所領導的研究團隊，搜集了兩百一十三項針對中學社交、情緒課程與K-12學生學業成就關係的研究，並進行分析。他們發現二者有正面與顯著的關聯。平均而言，修習這些課程的學生表現比對照組學生好了百分之十一。這種一致表現在各學科成就上的更好成果，較任何其他教學干預都有更大的效果。[30]

社交與情緒學習

安克拉治（阿拉斯加州）與路易斯市（肯塔基州）

設置社交與情緒學習（SEL）課程最好的學區是安克拉治與路易斯市。教育理想國於二〇〇七年報導了督學長卡洛・柯莫（Carol Comeau）領導的安克拉治SEL課程，顯示學生如何因此學會管理自己的情緒，並改善自己的溝通技巧。正如柯莫在影片中所言，阿拉斯加有全國最高的家庭暴力與虐童比率，「我們有大量兒童身處恐慌壓力中」。安克拉治是美國前一百大學區之一，全市約有五萬名學生，百分之九是阿拉斯加原住民與印第安族裔，使用的語言就達九十四種，最常用的包括西班牙語、苗族語、塔加路語、薩摩亞語及韓語。

這個學區的課程計畫「心的改變」（Change of Heart）強調主動學習，不只在遊戲場、教室或衝突解決情境，還在數學等課程中，學生在其中學習描述自己如何看待自己的思考。聽別人敘述思考不但有助於聽的人，說的人也獲益很大。在一個場景中，有一群五年級學生圍觀另一小群「魚缸」裡的學生，觀察、傾聽並筆記他們如何解決一個有關瓷磚比例的問題。

在另一個高中英文課堂中，學生彼此訪談家庭，並撰寫某一家有毒品父親或兄弟有殘疾同學的家庭生活文章。中學生在反霸凌課程中分別扮演攻擊者、受害人與旁觀者。學區領導人強調將社交與情緒學習融入數學、英文與音樂等課程的價值，並將「年度充分進步」納爲全區年度考試的評分標準，結果全區九十六所學校中有三十九所全部達到「年度充分進步」，另外十五所在三十一項目標中僅有一項未達標。

在學生人數約有十萬的路易斯市學區，督學長雪頓・柏曼（Sheldon Berman）是由麻州哈德遜（Hudson）一個小學區調來，那個學區已因創設學生社交、情緒學習基金會而知名。路易斯市爲照顧小學與中學生而制定的「CARE兒童」計畫，是仿照兒童回應課堂東北基金會（Northeast Foundation for Children's Responsive Classroom）的發展研究中心的「照顧學校社群」計畫而設計。CARE是指Community（社群）、Autonomy（自治）、Relationships（關係）與Empowerment（賦權），也指建立一個謙恭的環境（Creating a Respectful Environment）。《教育理想國》雜誌作者葛麗絲・魯班斯坦（Grace Rubenstein）說明它的五個關鍵元素：

1. 透過每天早上的聚會建立社群，並設定支持的基調……在這個每天例行的聚會中，老師與學生共商他們希望班級的感覺如何……他們也討論情緒話題，例如霸凌、友誼、家庭爭議等，還玩遊戲，以更加認識彼此，且歡笑連連。
2. 由學生自行設定並強化行爲標準，而非由老師宣布。

3.直接教導社交與情緒技巧：跟文法與算術一樣，透過指導和練習，感同身受的能力、仁慈與自我控制能力也是可以學習而得的。

4.用詞精確謹慎：這是「CARE兒童」計畫最難的部分，也是對老師要求最精微的部分。以「用走的」取代「別跑」……採用提醒與指點學生的措詞，不要用有譴責語意的詞……強調行爲，不要強調行爲者。

5.練習發展性的紀律：不良行爲的後果……要能協助學生學習如何爲自己的行爲負責。課後留校的處分不一定讓學生有任何學習改善的效果。正確的後果可能是要學生寫封道歉信。[31]

路易斯市的「CARE兒童」計畫被教育理想國選爲成功學校或學區「好學校」個案研究的多媒體案例。我們網站上有顯示學生成績：一所小學與一所中學學生的作文與數學成績上揚。校規處分如轉學、停學等案件顯著減少。經費呢？在專業發展上每年約花費五十萬美元，每位學生則僅花費五美元。在一個每位學生一年平均預算支出超過一萬兩千美元的學區，這可能是最好、最便宜的投資，更是出色並不一定代表昂貴的顯例。

ＳＥＬ課程的祕密好處之一是讓老師更能享受教學。一方面花在紀律與處分上的時間變少，另一方面學生也更快樂，更願意學，老師更能夠專心於選擇從事這個行業的初衷：教學。ＳＥＬ課程也讓學生、老師與整個學校社群水漲船高。柏曼說，哈德遜社區通過爲一所新學校發行債券，因爲選民相信它將成爲建立更高社區意識的中心。

魏斯柏格領導設於芝加哥的學術、社交與情緒學習聯合組織（ＣＡＳＥＬ）。該組織主席提姆．席萊佛（Tim Shriver）同時也是特殊奧運委員會的主席。ＣＡＳＥＬ正大力推動讓教育家、研究者與政策決定者了解社交情緒學習的重要性，以及將之融入課堂中的必要性。他們正開發一個研究時程表，內容包括ＳＥＬ所牽涉的腦神經科學、州的標準與立法等等。㉜

伊利諾是第一個制定ＳＥＬ標準的州，其他數州也積極考慮。二〇〇九年ＣＡＳＥＬ與戴爾．基爾帝（Dale Kildee）、茱蒂．比格特（Judy Biggert）、提姆．萊恩（Tim Ryan）等聯邦衆議員密切合作，推動「社交與情緒學習法」（Social and Emotional Learning Act）的立法，主張由聯邦政府撥款設立ＳＥＬ中心，以對開設ＳＥＬ課程的各州與地區提供技術協助。這項法案可望納爲正重新由國會授權中的「初級暨中等教育法」（ＥＳＥＡ）的內容之一，而後者則是要重新定義「沒有一個孩子落後」政策內容。

部分教師面對ＳＥＬ未來可能納入教學內容，可能會說：「我沒時間另尋教學策略，我的盤子已經裝得滿滿的了。」魏斯柏格的答案是：「這不是要你加菜到盤子裡，這就是盤子。」SEL計畫是一個平台、一個基礎，由此建立其他一切學習。兒童學習時，除非覺得快樂，除非知道如何表達自己的感受，除非已準備妥當，他們不會學到任何東西。就這麼簡單。它是常識。但就像馬克吐溫所說：「常識並不一定常見。」

評量：對了解的誤解

並非所有可數的東西都算數，算數的也並非都可數。

——愛因斯坦

改變我們的教育思考最大的障礙在於評量。我們在評量上變得更聰明之前，我們的學校注定平庸。在今天所有關於教育的「大議題」中，例如教師品質、課程改善、科技效益或更好的學校設施，除非我們把評量做好，其他一切都沒有意義。太久以來，我們只會用已經過時的工具去計算，卻不知設法評量那些更重要的能力。

這幾乎已經是老生常談：會納入評量的才會被教。如果學生是由標準化考試來評量，老師就會根據這個考試來教。學生會很聰明地看透了自己會如何被評量。另一個學生最常自問的問題是什麼？不是「我要如何成爲一個關鍵思考者，並爲二十一世紀經濟做好準備？」，也不是「我該如何擴充教科書以外的知識？」，而將是「這個會考嗎？」。不會納入評量的東西，老師不想教，學生不想學，雙方都不想浪費時間。所以，擴張我們對於評量的本質以及該教什麼的視野，已刻不容緩。

在我最喜歡的教育理想國網站一篇文章〈適當評量以重振科學教育〉中，前美國國家科學院院長、舊金山加州大學榮退生化教授布魯斯・艾伯茨（Bruce Elberts）談到該校醫科學生都是玩評量遊戲的老手。雖然大家都期待我們最好的學生能展現更多好奇心，但這些學生都自知將被以由讀卡機閱卷的多重選擇題考試來評量。在學校開始採用需要長篇答案的申論題後，學生才開始問一些較深刻的問題。艾伯茨說：「這是我第一次真正見識到考試的力量，也因此體認，如果我們希望學生真正學到什麼，把考試弄好是何等重要。」[33]

一個學習環境中有三項必要條件：課程、教學與評量。這三項必須強固，既能自立，也能彼此調合平衡。就如我在本章說的，課程指的是學科的教育目標。這些時日以來，它常與標準化相提並論，以反映各學區或州對於課程目標的共識。但標準化運動已導致各州或學區間不一致，以及標準本身太低、太廣泛或太多等問題。目前在各州推動的「更少、更深、更高」的共同「核心標準」，將能建立更穩固的學習環境。

教學指的是教授課業的教師和教學工具的角色。我在本書一再談到，我們必須重整教學方法，採用專題式學習，並以網路爲資源。在專題式課堂裡，教師與教學的意義很清楚：與其說老師是一個直接教導者，不如說他是學生學習計畫與程序的管理者。在一個專題式學習團隊中，學生對教導自己與其他成員負更大責任。

考試不等於評量

評量是學習三條件中最不被理解的。歷史與政策局限了我們對它可能性的預期。因爲誤解，我們將它等同於考試，尤其是多重選擇題考試。但廣義的評量應涵蓋所有跟評估「課程與教學造就多好的學習成果」有關的活動。雖然考試是用來評估學區或學校的表現，它更應爲老師與學生提供回饋，以改善教與學。如果我們眞正相信學生要以不同方式、節奏來學習，課程、教學與評量就應該更有彈性，而不是僵化的「讀課文，做筆記，作答章後所列的奇數題，星期五考試」。

由於我們目前少有評量制度符合專題式課程與以學生爲中心的教學需求，所以新的評量做法內容仍然成謎。教育理想國的核心概念主張以全光譜的眼光對學童能力進行評量，我們稱之爲「全面性評量」。[34]這樣的評量制度將在整合各傳統學科的深度調查意義下，評估學生的閱讀、寫作、數學等核心技能。伊利諾數學與科學學會（Illinois Mathematics and Science Academy）提供了這類整合課程。學生將利用各種方法與媒體，包括口頭報告與網頁內容等，向課堂、老師以外更廣泛的對象展示他們所學的知識。他們的社交技巧，例如團隊合作能力、努力與堅持等，也將一併接受評量。

學習等於駕駛？

有哪一種評量系統能結合多重選擇題考試的便利，以及個人化的表現評估與回饋？我們都很熟悉這樣的系統：駕駛執照考試。駕照考試有分筆試與路試兩部分。筆試先考，以確定考照者熟悉標誌等道路交通規則與安全駕駛原則。但大家都知道，熟悉交通規則並不一定是好駕駛。我們有任何人願意搭乘剛通過筆試的十六歲年輕人開的車，在尖鋒時間上高速公路嗎？

我們都知道開車時的表現才算數。在其他人類活動層面，我們也很熟悉以表現爲基礎的評量，尤其是運動或藝術。運動員與演員知道他們那一行的原則與傳統，重要的是如何把原則運用在表現上。職業足球隊和表演團體招收新人時都有共通的評量方式，前者叫測試選拔，後者叫試鏡，應徵者必須在有隊友或演員同事參與的眞實環境下表現他們的能力。

真實評量

有一點很重要：對活動的評量要接近那個活動本身。借用部分評量專家常用的一句話：讓評量變成眞實。教導和評量的差別逐漸消失。

一個學生會背誦文法、南北戰爭各戰役名稱，或週期表上各種元素名稱，並不代表他眞會寫文章，了解那些戰役的重要性，或能夠討論碳、氯與我們生活的關係。我女兒大學二年級曾說，她高中時死命背誦的元素週期表，大學化學考試時卻是印發給大家當參考，顯示她的教授很清楚，背誦並不等於學習。

我們迫切需要能評斷學生了解與表現的評量系統。如果有意成就一個教育國，這是關鍵前提。

評量 2.0

在二十一世紀的第一個十年，美國逐漸遠離以表現爲基礎的評量，而其他國家則勇往直前。美國教育者與決策者都能滔滔不絕說「世界是平的」，經濟已經全球化，工作機會正移往海外，新知識與技能才能維持國內就業等等。但正値美國在「沒有一個孩子落後」政策下追求「基本能力」的教育改革之際，其他國家則將「世界是平的」視爲機會，另闢教育政策道路，專注於更深入與更眞實的教學與學習。他們同時也預見正確的評量系統將是這種改革的動力，並據此調整預算、政治意志與教師發展，以支持新的評量系統。就把它叫作「評量 2.0」好了。美國正在努力追趕。

英國、澳洲、新加坡、香港及其他國家已經設立了以表現爲基礎的評量制度。這些國家均使用英語，將他們的制度轉化爲我們的將很容易。但主要的障礙在於美國的自我意識。我們作爲世界唯一超級強權，不輕易學習其他國家。我們很會找藉口說何以其他國家的創新不適用我們：「他們比我們小」、「他們多元化的程度不如我們」、「他們有中央部會主管的全國性教育體系」。至於我最欣賞的新加坡、香港與中國，美國人會說：「嗯，他們是中國人。他們工作太認眞了。而且他們天生數學好。」

兩個樣本評量

加拿大亞伯達省與英格蘭

二〇〇九年，史丹福大學的達林—韓蒙德博士在教育理想國網站文章〈他山之石：國際標準與評量〉（Lessons from Abroad: International Standards and Assessments）中，總結了這些國家的做法。[35]這些評量制度長的是什麼模樣？此處有兩個例子，一個是加拿大亞伯達省十二年級生的生物評量，另一個是英格蘭的中等教育普通證書（GCSE），它是高中生四個學習計畫之一。

亞伯達省十二年級生物評量

自閉症是一種複雜的行為失調，它的各種症狀相差極大，並可能在不同情境下發作。症狀包括溝通與發展關係能力降低……面部肌肉協調困難，無法理解社交暗示等等。

一九五○年代末至一九六○年代初，沙利竇邁常被開作處方，協助懷孕婦女對抗晨起不適，但後來這藥品被發現可能造成嬰兒缺陷，如四肢發育不良，或導致部分兒童罹患自閉症……由沙利竇邁所導致的自閉症發生率高於正常數倍，顯示自閉症可能溯源胚胎發育初期。

科學家曾對老鼠進行基因工程，使之具有自閉症類似症狀。這些老鼠都帶有缺陷的 Hoxal 基因。這個基因也存在於人類，通常活躍於胚胎發育初期。雖然自閉症患者更可能帶有缺陷的 Hoxal 基因，但有效 Hoxal 基因的存在並不一定導致自閉症。必須進一步調查才能確定是否基因與環境因素結合才會導致自閉症。

——派翠西亞・羅迪爾（Patricia Rodier），〈自閉症的早期源起〉，《科學人》雜誌二〇〇〇年二月，頁五六—六三

1. 指認自閉症患者腦部兩個受到影響的區域。
2. 解釋這兩個腦部區域與自閉症症狀的關係。
3. 指認一個細菌層，其發展會受沙利竇邁的干擾，並指認一個由此細菌層發展而成的組織。設想一個因胚胎期子宮暴露於沙利竇邁所導致的自閉症患者，如何會耳朵發育不正常但四肢功能正常。
4. 形容一個有缺陷的 Hoxal 蛋白質如何在細胞質中合成。
5. 解釋這個有缺陷的 Hoxal 蛋白質如何影響大腦發育，並導致自閉症。
6. 指出並形容科學家以缺陷 Hoxal 基因取代活躍 Hoxal 基因的兩種技術。
7. 描述科學家尋求人類自閉症致病原因過程中所可能遭遇的三個困難。

以上這些富挑戰性的問題要求十二年級學生深入探索人類生理學、神經科學、生物工程知識，並觸及科學研究的倫理面向。類似這般修正過的STEM課程在以精英教育著稱的伊利諾數學與科學學會有開設，而亞伯達省是每間學校都實施。亞伯達省已清除了美國人仍束手無策的障礙——大規模在高中開設大學級的課程。

➤英格蘭的GCSE評量工作

李契費德公關公司（Litchfield Promotions）為超過四十個樂團及藝術家工作，宣揚他們的音樂，並安排在英格蘭演出。樂團的數字正逐漸增加，李契費德必須確保每次演出將有足夠的收入以支付所有人事及固定成本，還能產生盈餘。許多人需要酬勞：樂團、音效與燈光工程師等等。另外還有場地租金的成本。李契費德必須開發一個資訊與傳播科技（ICT）解決方案，以確保他們掌握了所有相關資訊……

應考者必須：(1)與其他人合作設計並研究，查明其他同業公司如何完成解決方案（這些公司並不一定要為樂團服務）……(2)清楚地記錄並展現你的發現。(3)提出解決方案……(4)提出一個設計過的簡報，內容包括時間、目的與目標對象。

提出一個解決方案……(1)可以適度修正以適應各種情境。(2)具有友善的使用者介面。(3)適合目標對象。(4)曾經充分測試。

這個任務要求學生研究一個活動策畫的眞實案例，充分掌握所有成本元素與備援計畫，撰寫一個精確模擬場地與各項支出情況的電腦程式，與潛在客戶測試它，並且能很有說服力地向客戶提出簡報。

以上兩項評量都與學生的生活有關——自閉症與管理樂團——這也是一個優點。請注意它們的共通主題：

- 它們看起來很像課程。這些評量並非與學生這一年所作所爲毫無關係的人爲練習，反而和學生整年都可能遭遇到的挑戰很相似。好的課程與評量之間的界限消失了。這正如同在眞實的環境下進行道路駕駛測試，是對學生所學的眞正測試。
- 在一年課程之中，學生與老師都能獲得回饋，以改善隨後的課程單元與評量。評量已不再是一年即將結束之前所舉行的令人焦慮的考試場景，或者成績報告來不及協助學生改進。

在另一篇相關的論文中，達林—韓蒙德博士與她的博士班學生蘿拉・萬伍斯（Laura Wentworth）說明了當代以表現爲基礎的評量制度的其他特點：

- 更深入的知識，更多主題領域。學生不再接受一長串內容知識清單，受教的學科較少，但更有深度。
- 學生學習如何學習。這些國家在學生學習過程中強調他們的後設認知、反省與自我勝任感。他們要求學生展現自己的思考，說明答案背後的邏輯。他們也要求學生反省自己的思考，並持續改進。
- 教師職能擴充對學生的成果有正面的影響。這些高成就國家的評量制度都重視教師的職能。他們投入資源以訓練教師，並建立信賴教師專業判斷的架構……相對的，教師之間這種訓練與信賴文化也帶來教學上的正面影響，並造就學生更大的成就。㊱

透過發展這種以表現爲基礎的評量制度，這些國家同時也改變了他們的課綱，改善了教師的職能。他們相信，改善評量制度將能改善課堂中的一切。爲了使本章所描述的這種嚴格的專題式課綱普遍採用，就把評量 2.0 看成第一步吧！

下一章中，我們將看到新科技如何實現這些課綱與評量。它們依賴學校與學區、學生與老師，以及由多重來源組織、分析、呈現並產生資訊。這就是科技的意義。

3 科技鋒面

——賦予年輕學子現代工具

科技為推動心智之輪。

——西摩・帕博，MIT媒體實驗室

在討論爲每個學生配備電腦的重要時，許多「但是」浮現出來：但它很貴，但科技無用，但老師不知如何使用它。對這些懷疑者，我提出三個簡單問題：

1. 你用電腦嗎？
2. 你願意放棄你的電腦嗎？
3. 你願意與其他三個人分享電腦嗎？

如果你對第一個問題的答案是「是」，且對後兩個問題的答案是「否」，那爲何要反對學生擁有我們所依賴的工具？第三個問題是根據目前美國課堂中學生人數與電腦數量的比率。在討論電腦在學校中的效率時有一點常忽略：除非每個學生都有專屬的電腦，否則達不到經常、持續使用電腦的效果。

大規模教學的武器：一個學生，一部電腦

想一想過去的教室，一本教科書可能要由四個學生分享。後來終於有聰明人想到教科書應該是與學生呈一比一數量關係的工具。我很好奇，一百年前的學校董事會是否曾經辯論過一個三十人的課堂裡，八本教科書夠不夠用？

但在課堂中提供一比一的電腦仍然未能達到每天二十四小時、每週七天的使用量。有些作爲「知識工作者」，學生必須隨時工作與學習，包括下午、黃昏、週末與暑假。有些筆記型電腦課程同意學生將電腦帶回家，有的則因擔心被竊或損害而拒絕。我曾經拜訪過芝加哥北部的「校內環境擬眞機會」（ＶＯＩＳＥ）學院，它爲每位學生配備兩台電腦，一台在學校使用，一台回家用。而且如果學生家庭無力負擔網路費用，學校將協助支付。學生在校內參加科技輔助的課程，登入網路上的科學擬眞環境，並可在網路上選修「芝加哥公立擬眞中學」提供的課程。

這是我們在對抗文字與數字文盲時所必須部署的「大規模教學武器」。在所有學生、教師與教育行政者每人都有電腦與網路之前，所有我們教育的期待，不論是消除成就差

距、讓所有學生上大學、培育現代化的教師人力等等，都不可能實現。個別獨有的電腦使用權已是每位學生全面參與自己教育的數位人權。

第一個一比一課程要往前追溯二十年。一九九〇年墨爾本的美以美教會女子學院（Methodist Ladies College）爲五到十二年級的女生開設一門課程。有一本書記錄這個故事，書名是《別怕筆記型電腦》（*Never Mind the Laptops*），作者是布魯斯・強斯東（Bruce Johnstone）。封面上有一張照片，其中的筆記型電腦看起來比部分女生的個頭還大。

在我周遊美國訪談各教育團體時，有件事讓我難以置信。到二〇一〇年，全美國竟然只有一州讓所有學生配備筆記型電腦（也只有在兩個年級）。這個州雖然小，但非常勇敢。它是緬因州。緬因州的故事在教育科技圈廣爲人知，但在其他州的決策者、老師與家長間仍少有人知。

這個故事要從二〇〇〇年一個大膽的州長安格斯・金恩（Angus King）說起。他以獨立候選人身分參選，當選兩任州長。由於筆記型電腦課程持續引發爭議，許多反對者認爲它是科技蠢事，唯有了解一比一政策影響力的眞正領袖才有勇氣將學生的未來押注在這個政策上。金恩就教於ＭＩＴ媒體實驗室的帕博，後者堅持每個學生都應該擁有自己的電腦，因爲共享科技將會消蝕學習的報酬。帕博認爲：「只有一比一時它才發揮神效。」

有人質疑：「為何給學生筆記型電腦？緬因州如果有這筆錢，為何不用來造橋修路、提供企業稅賦優惠、健保，或其他許多更迫切的施政上？」我喜歡金恩給的答案。在冰上曲棍球幾乎就是州運的緬因州，金恩引述冰上曲棍球球員韋恩．葛瑞斯基（Wayne Gretzky）一段訪談內容。有人問葛瑞斯基：「你既不是場上塊頭最大的，也不是速度最快的，究竟如何成為史上最偉大的冰上曲棍球球員？」葛瑞斯基答覆：「大多數球員滑到冰球所在的位置，我則滑到它將前往的位置。」在伐木等工業衰退的情況下，金恩看到緬因州未來的方向——一個數位化、有科學知識的勞動人口——並希望將緬因州帶往那裡。

緬因州的「學習科技運動」自二〇〇二年開創，目的在「提供必要的工具與訓練，以確保緬因州的學生成為世界上最精通科技的學生」。它的一個重要特色是，號召全州各階層教師與社區的支持。有一個關鍵領導角色是州教育局的貝蒂．曼徹斯特（Bette Manchester）。她以及其他人，包括緬因州有意義投入學習中心（Maine Center for Meaningful Engaged learning）的麥克．穆爾（Mike Muir），大力提倡對教師訓練與提供支援，以進行新形式的專題式、群體合作、以社群為基礎的教學。他們深知，握有成功之鑰是教師，不是科技。光是把機器丟到學校將是一場災難。

於是，美國最大的筆記型電腦配置行動就在二〇〇二至二〇〇三學年展開，將蘋果筆記型電腦配置給所有七年級學生和老師。第二年，這個計畫擴展到七和八年級全部三萬六千名學生和四千位老師。二〇〇五年教育理想國的攝影團隊往訪國王中學（King Middle School），拍攝學生前往湖區調查水質及湖中生態。這個田野調查是和緬因州湖泊保育（Maine Lakes Conservancy）組織合作的項目。在其中一個場景，學生在緬因州湖泊保育組織的小艇上將數位顯微鏡連接上他們的筆記型電腦，觀察他們剛剛採集的湖水樣本中的微生物。回到學校後，學生寫了一本有關緬因州野生動物的書。我們的影片顯示他們向社區居民提出報告的情況。正如校長麥克・麥卡錫（Mike McCarthy）在影片中所言：「我們全部的目標就是讓所有學生都有高品質的學習，並能產生高品質的結果。有一個孩子說，『現在再也沒有人自覺是笨蛋了。』我認爲，這就是我們最大的成就。」①

緬因州教育局長蘇珊・簡德倫（Susan Gendron）在一封電子郵件中總結這些成果：

> 整體而言，到目前為止我們已證明，如果教師獲得全面的專業成長機會，筆記型電腦將會改善中學生的作文、數學與科學能力。我們最大的建樹在課堂內，透過科技的整合與豐富的數位資源，明顯改變老師的行為。我們做過一項研究，以教育測驗服務社（Educational Testing Service）開發的二十一世紀技能測量工具，比較我們的學生和其他州的高三與大一新生，結果我們的學生和他們一樣好，有些更好過他

們。

在教育理想國採訪有創意的學校與課程計畫的過程中，我們目睹了一個現象：典型的公立學校學生可以表現得比目前標準高出三級。在更早的哈林（Harlem，譯註：紐約市的一個區）筆記型電腦計畫中，透過與紐約市立學院的合作，八年級的拉丁裔女生在研究室中研究臭氧層減少對珊瑚礁生態中微生物的影響。②（人類請注意：珊瑚礁消失後，我們也跟著消失。）她們獲得適當的環境，得以學習到遠超過一般中學生所知的東西。緬因州的一比一計畫也提供相同的證據。

緬因州學習科技運動

南緬因州大學的教育政策、應用研究暨評估中心（Center for Education Policy, Applied Research and Evaluation）是這個計畫的合作夥伴。以下是它的研究摘錄：

數學

這個隨機控制研究（RCT）是設計來判定一項專業發展計畫所造成的影響……二十四所緬因州中學老師參與一項爲期兩年、時數兩百小時的專業發展計畫，目的在改善他們運用筆記型電腦來教授數學的能力。研究結果顯示這種形式的專業發展計畫有效改變了他們的教學與科技做法，並因此導致學生在標準化數學考試時有更好的表現。這項研究同時顯示維持高的實施忠實度有助於改善學生的表現。

科學

研究後的評估與學生訪問顯示，許多學生認爲這個科技計畫更具挑戰性，也更花時間，但許多學生也同意它更有趣、更吸引人。這些敘述說明了帕博的「硬趣味」概念。帕博以此概念來形容學童享受挑戰，而且當學童有機會以更刺激的方式積極建立新知識時，學習成果會更好。

作文

……證據顯示，緬因州的一比一配置筆記型電腦計畫對中學生作文能有正面的效果。在這項計畫開始實施的五年後，學生在全州性考試中成績明顯進步。尤其學生在作文破題與展開敘述時，電腦用得越多，成績越好。最後，證據顯示，學生以這種方式運用電腦不只使自己用電腦作文寫得更好，一般方式作文也寫得更好。③

在這些學生初中畢業進入高中後，緬因州也設法持續一比一學習。在預算更艱困的時代，緬因州一百五十所高中裡仍有二十所持續這個計畫。五年後，教育理想國的攝影組與編輯再度採訪並更新這個故事，作爲我們二〇一〇年「好學校」系列專題的部分內容。④對於正考慮或實施一比一計畫的其他各州而言，更新後的故事非常有參考價值。我們製作了大量記錄片、資料來源與訪談，其中包括金恩州長。他說：「二〇〇二年我們認爲這是一個好主意。到了第二年我才意識到，由於對教學方法與教育內容所帶來的改變，它其實是一個激進的觀念。現在，當我放眼全球，看到全球化的現象與美國經濟空洞化的情況，我認爲它是一個必要的觀念。」

自從緬因州及其他個別學區二〇〇二年投入這個政策以來，摩爾定律持續發燒，今天電腦的速度與強度每隔兩年就增加一倍，價格也大幅下滑。金恩估計一比一計畫的所有成本，包括軟硬體、寬頻網路、技術支援，以及所有七、八年級老師專業發展所需，全州一年大約九百萬美元，還不到州教育預算二十億美元的一個百分點。平均下來，一個學生或老師一年大約二百二十五美元，而一本教科書可能就要一百五十美元。而人口較多的州還可以享受折扣。

記得第一鋒面談到的聰明學習嗎？金恩以學校董事及州議員能理解的方式說明一比一政策：

你要花多久時間來想？如果我到學校董事會跟你說：「我將提供給你們的東西將大幅改進作文成績，減少紀律問題，提高出席率，並賦予學生二十一世紀技能，而且所需經費大約只等於你鏟雪的費用。」我想你很難拒絕吧？

科技提高學區採購效率

蘇珊．簡德倫是一個數位化的學區督學長，她也主張科技能為學區經營帶來商業運作效率。她設立一個全州性的網路採購窗口，集中全學區的預算支出，以爭取更大的折扣。在每一個社區或州，學校設施、校車、午餐、家具及所有用品與服務等都占教育預算很大的比率。她告訴我：「有效運用預算的學區都降低了成

> 本，並以此重新投資教學計畫，或減少納稅人的負擔。你不會相信我們光是在清潔液上就花了多少錢。」

部分學區，譬如加州的富勒頓、第布隆，紐澤西州的聯合城，都已採行一比一政策；而密西根、伊利諾、內布拉斯加、亞利桑那、賓州則考慮全州跟進。國際上的興趣也在增加之中，包括澳洲、智利、利比亞、蒙古、南非、烏拉圭、委內瑞拉等國都在大規模實施前採行先期試辦計畫。過去三年來這項政策有令人印象深刻的成長。也有部分學校、學區以手持裝置如 Palm 或 iPod 實施一比一計畫。

今天如果我有六年級的子女，想搬到一個能讓他接受世界級教育的地方，我會搬到緬因州。金恩說：「如果你請緬因州老師用一個詞來形容一比一計畫，他們會用『投入』。每一個老師都會告訴你，如果你的孩子夠投入，他們什麼都能學會。如果他們不投入，即使蘇格拉底也難爲。」

更多一比一計畫的相關資料可在以下組織的網站找到：緬因數位學習國際中心（Maine International Center for Digital Learning）、美國數位學校（America's Digital Schools）、兒童人手一台膝上電腦（One Laptop per Child，旨在提供發展中國家廉價的科技學習工具）。⑤

網路評量的優點

美國各州也在邁向數位未來的其他方面成長進步。奧勒岡州是第一個在評量制度上全面網路化的州。二〇〇八至二〇〇九學年，該州考試幾乎百分之百在網路上進行。二〇〇一年開始的「奧勒岡學識與技能評量」（OAKS）仍使用多重選擇題，但提供了透過網路進行才有的優點。⑥

由於公布成績加快許多，老師與學生得以改善他們的教學與學習。從十月到次年五月，學生最多可以參加三次考試，不但有改善的機會，並能用其中最佳成績作爲登錄資料。由於考試的題型與項目會稍做改變，網路考試也阻卻針對題型的教學與作弊。考試時相鄰學生作答不同項目。奧勒岡州的評量主任湯尼・阿爾珀特（Tony Alpert）報告一項紙筆考試時不曾聽聞的優點：學生似乎喜歡在電腦上考試，回答更多問題，而不是亂猜答案或甘脆放棄。他說：「學生投入的程度高於在紙面上。」

隨著課程鋒面不斷進步，提供更具挑戰性，需要思考而非背誦的課程時，網路評量也正改變，納入了多媒體模擬實境。有一個案例是舊金山教育研究與發展組織 WestEd 所開發的「擬眞科學家」（SimScientist）。初中學生收到一個擬眞的生態系統，必須解決問題，並提出他們如何思考諸如養分對藻類生長影響等概念。

二〇一〇年美國教育部撥給各州與學區史無前例的資金名叫「奔向顛峰」。以下有一個由阿比林高中（Abilene High School）設計的競賽，讓擁有科技的學生對抗沒有科技的學生。

下面一段網路文字雖短，但對學校爲何應更積極投資科技有高度說服力。它可以解讀爲兩個美國學生的競爭，但如前者來自歐洲、亞洲或非洲則更迫切。

讓我們在學校小小競爭一下，並準備未來。
我用筆記型電腦，你用紙和筆。你準備好嗎？
我會取用最新資料。你有一本五年前的教科書。
拼錯了字我馬上會知道。你則要等到考卷改完。

透過使用我將學會喜歡科技，你則是讀到它。
我會以三度空間的眼光看數學問題，你會做一些奇怪問題。
我會創作藝術作品和詩並與世界分享。你會和班上同學分享你的。
我有每週七天、每天二十四小時，你只有上課時間。
我能接觸最動態的資訊，你的則是印刷和影印的。
我能以電子郵件與領袖和專家溝通，你要等週末的演講者。
我能選擇自己的學習風格，你要用老師喜歡的風格。
我能跟世界各地同儕合作，你必須與課堂上的同儕合作。
我高興學到任何程度都可以，你要等其他同學。
一年筆記型電腦的成本？二百五十美元。
教師與學生訓練的成本？昂貴。
教育良好的美國公民與勞力的成本？無價。

作者：無名氏

來源：堪薩斯州阿比林高中之嗡嗡對話網（Dialogue Buzz Web Site）

語言學習中「消失的鏡子」

我修習外國語文時第一次意識到聽自己講話的重要性。ＳＡＳ軟體公司董事長吉姆・古德奈特（Jim Goodnight）在北卡州創辦的凱瑞學院（Cary Academy）是一所充分運用科技的私立學校，也是最早教授中文的學校。我去拜訪時問一位女老師用什麼教科書，她說不用教科書，只有自己的講義。她將自己吟誦講義的聲音錄製起來，上傳到學校的伺服器，以便學生任何時間都能下載聽取。她也要求學生錄製自己吟誦的聲音，以便她和學生一起聽取並分析。

正如舞者在鏡中觀看自己的舞姿，或足球員觀看關鍵比賽錄影以分解自己的表現，學生聽取自己吟誦並與老師的比較，將能善加運用語文學習中「消失的鏡子」。爲使學生能分析自己的讀音，他們必須能夠抓到、錄製自己的讀音，並一再重複播放。這就是科技擅長的。對我們運用音樂方式帶來革命的小小裝置，竟然也爲我們國家所面臨的識字力危機提供解決方案，實在令人驚異嘆服。

iPod, iListen, iRead

埃斯孔迪多（加州）與坎比（奧勒岡州）

這項課堂創新來自一位具有創業眼光的教育者的觀察。二〇〇五年，聖地牙哥附近埃斯孔迪多聯合學區科技主任凱西・薛里（Kathy Shirley）前往學區一所學校，她看到一位女老師正對學生進行流利度評量，那是一整天與學生的個別評量，帶他們到一個獨立的房間聽他們吟誦，並在表上對節奏、正確度與表情評分。在正職老師進行這項繁瑣的工作時，學校會請一位全天代課老師。

曾獲蘋果公司傑出教師獎的薛里正用 iPod 錄下自己的工作備忘錄。她靈光一閃：爲何這些學生不能在自己方便的時間把吟誦錄在 iPod 上，然後老師在自己方便的時間聽？更重要的是，這些學生自己錄、再自己聽，能不能改善他們的技巧呢？由於埃斯孔迪多學區有百分之五十三學生是西班牙語系的英語學習者，尋求更好的方法更顯迫切。

這項觀察啓動一個傑出的計畫：運用獨特的 iPod 來協助學生錄製、分析並改善吟誦唸讀能力。因爲閱讀是其他一切學科成就的基礎，學校均努力將學生提升到更高層次的閱讀能力，再也沒有其他比這個更重要的工作了。

二〇〇六年埃斯孔迪多開始試辦 iRead（I Record Educational Audio Digitally，意思是我錄製數位教育聲音）計畫，共有六個老師以及低成就的學生、內容專家與資訊科技工作人員。第二年擴大爲三十五個老師。今年，超過一百個幼稚園到八年級教室共使用了一千三百個 iPod，且擴大納入所有階層學生。

學生在 iPod 外接耳機，錄製自己的誦讀練習及老師指導評量。部分機種能顯示文字、圖片與影片。有較大螢幕及應用程式並可上網的 iPod Touch，能夠創造更好的多媒體經驗，讓學生下載有聲書與歌曲，可隨字幕及旋律跟著吟誦哼唱。老師也受訓使用 iPod、擴音器、iTunes、GarageBand 等數位工具。學生與老師的錄音上傳至 iTunes，老師爲學生製作個別播放清單。老師、學生與家長可共同檢視學習成果，創造一個有力的三方學習循環。

就像薛里形容的，以 iPod 錄製誦讀提供了立即的回饋，學生可以輕易錄製自己的誦讀練習，並立即聽到。學生在誦讀時若遭遇困難，要想跳脫出來檢視自己表現是非常困難的。由於太專注在誦讀，他們對自己究竟讀得如何根本毫無概念。iPod則能讓學生聆聽自己的錄音以獲得回饋，連老師都無法做到。對於學生而言，iPod有如一面鏡子。⑦

二〇〇八年奧勒岡坎比學區也開始實驗這個計畫。科技主任莫洛克與薛里同獲蘋果公司傑出教師獎。有九所學校、約五千名學生的坎比學區，目前約有五十個課堂使用不同機型的iPod，計畫並已擴展到高中，學生們聽有聲書，並以攝影機分析自己口頭報告技巧。

學生閱讀能力提升的證據

埃斯孔迪多與坎比的課堂展現了閱讀速度的進步。在坎比一個有十六位學生的四年級課堂中，從秋天到期中的閱讀流利度評量，一般學生一分鐘平均增加了十二字（WCPM計算閱讀流利的速度），iPod課堂學生則接近二十字（WCPM）。多數學生平均表現較預期高出一倍。

在埃斯孔迪多一個有十位學生的四年級課堂中，六週內WCPM平均增加了四十八字。兩個新來的學生分別由四十四字增加到九十八字、由七十五字增加到一百三十九字。這項計畫的年終目標是四年級生平均一百三十字。在四年級開始時，所有學生都不到一百二十字的三年級標準。但在六週內，他們有一半以上超越了四年級結束時的標準，也就是在六週內達成一年的進步目標。

以愛荷華州基本能力測驗進行的一項先期研究也有重大成果。一組爲數十二人、運用 iPod Touch 的埃斯孔迪多五年級學生，在六個月內閱讀進步了一點八年，而同學校對照組的進步幅度只有零點二五年。這所學校多數學生的能力在同級標準之上，但使用 iPod 學生的閱讀能力更到達八年級甚至九年級標準。薛里說：「學生以 iPod Touch 記錄他們閱讀文學作品的讀後感。」老師表示這個裝置讓學生更勤寫，也思考更多。「由於知道同儕將評論自己的貼文，他們因此閱讀得更仔細。」

這兩個學區都計畫做更大規模的閱讀成果研究。在口耳相傳下，各地教育團體都和埃斯孔迪多和坎比聯絡，要求前來觀摩。我和薛里談話時，她表示剛爲五十位教育者做完觀摩和報告，還說可以一個月做兩次，以滿足各方需求。

閱讀成就有感染性

這些 iPod 計畫爲數位世代以及一種特別適合支援他們學習的科技做了最佳連

結。能夠聽到自己與同儕誦讀的表現並追蹤進步情況，讓學生都很興奮，而且更具企圖心。

在課堂中，學生領導自己的閱讀。他們希望練習速度、正確率與理解。iPod 把一個原本衆目睽睽下的痛苦經驗變得個人化。沒有人希望自己的弱點暴露在團體中，當著全班或全組的面。iPod 把這個學習程序變得更爲私密，只有老師與學生一對一利用錄音檔聽與學。這種一對一的師生關係就是一比一科技的眞正效益。

當學生活躍起來時，老師也跟著活躍。成功感染到每一個人。正如莫洛克說：「這就是一切的祕方：老師的企圖心。一個又一個老師說：『這完全改變了我的教學。』『很有樂趣，我成了更好的老師。』『我永遠不退休了。』老師有更大的能力管理他們的科技，他們都很高興學習如何做，然後看到學生進步並感到樂趣。」一位老師告訴薛里：「在我的經驗裡，沒有比運用 iPod 加麥克風更能吸引學生投入了。這種裝置讓即使最小聲的誦讀也能被聽聞，最勉強的學生也產生興趣。」另一位老師補充：「我說的少了，他們做的多了。」

一個課堂使用的三十個 iPod Touch 和一輛推車約花費一萬兩千美元。之外再增添五台桌上或筆記型電腦以便學生製作媒體檔。這比一比一筆記型電腦課堂的花費還省，而且更適合小學生，讓他們把識字能力掌握在自己的手掌心。

薛里和莫洛克製作了一個網站與一則維基條目，供老師及教育科技技術人員管理與分享 iPod 計畫的成果，包括課堂場景錄影與教師訪談。⑧影片中的學生全神投入，小手按鍵輸入如飛。

重新發明美國歷史課

第布隆，加州

科學課程創新運用科技的例子多於人文課程。但距教育理想國馬林郡辦公室短短車程外的第布隆市的德馬初中（Del Mar Middle School）則是一比一課堂如何重新發明美國歷史教學的顯例。安東尼・阿姆斯壯（Anthony Armstrong）也是蘋果傑出教師，他開發出一個能駕馭今日數位學習者豐富資訊世界的課堂，讓一門他們應該都喜歡的學科「美國歷史」活潑生動了起來。

二〇〇五年，第布隆市富裕的里德聯合學區（Reed Union School District）督學長克麗絲汀・卡特（Christine Career）勇敢地推動一項計畫，對所有三年級學生提供蘋果筆記型電腦。阿姆斯壯到德馬初中之前，曾在德州與南韓教書。他能夠開發這個運用媒體與科技的新教學模式，部分原因來自他修習全帆大學（Full Sail University）教育碩士班網路課程的經驗。全帆大學位於佛羅里達州，主要開設網路課程。有一句老話「老師自己怎麼學的，現在就怎麼教」通常用來解釋何以部分老師很難適應新教學法。阿姆斯壯爲它做了一個新解。經過一年繁重的網路課程，包括十一個月的上課時間與一篇碩士論文，阿姆斯壯親身體會了網路學習的力量以及這所大學的教學管理制度，從而爲自己的學生設計了新課程。

阿姆斯壯讀過傑克・澤文（Jack Zevin）所著《二十一世紀社會研究》（*Social Studies for the 21ST Century*）、安東尼・康圖（Anthony Cantu）與威爾森・華倫（Wilson Waren）合著《數位教室教學史》（*Teaching History in the Digital Classroom*），以及詹姆士與瑪格麗特・威斯特（James and Margaret West）夫婦所著《運用維基網路合作》（*Using Wikis for Online Collaboration*）等書籍。⑨他也受到其他老師在「維基空間」

（Wikispaces）上運用維基方式的啓發，例如薇奇・戴維斯（Vicki Davis）用以寫成的「平的世界故事集」（Flat World Tales）。⑩薇奇在喬治亞州卡米拉擔任教職，綽號「酷貓老師」（Cool Cat Teacher）。教育理想國的「數位世代計畫」（Digital Generation Project）製作了十位數位青年的多媒體側寫，薇奇在其中一個維吉尼亞州八年級生的側寫中擔任他的老師。

維基作為網路合作學習平台

阿姆斯壯課堂中的書桌每天都根據上課的需要，例如學生是否有小或大分組的合作功課、是否要發表報告等等，而有不同的擺設方式。不同於大多數美國歷史教師，阿姆斯壯口頭授課的時間較短，大約二十到三十分鐘而已。他說：「我認爲，既然麻省理工學院可以放棄口頭授課，我也可以。在技術與教學上我必須解決的課程設計問題是，如何讓學生得到所需的資訊，但不必來自我這個老師。我找到的解決方案是維基。」他確保自己的課程內容達到「全國社會學科委員會」（NCSS）要求的標準。

他的課程平台是一個合作經營的維基，所有課程材料都儲存於此，學生可以在這裡檢視自己與所有同學的學習成果。⑪多媒體的課程材料包括大量神奇的網路連結所提供的資訊，例如國會圖書館「美國記憶計畫」（American Memory Porject）選輯，以及免費網路課程材料最佳案例、橫跨美國革命到目前的「數位歷史」（Digital History）。任何與文本教科書採選有關的人，都應該將網路資源的廣度與深度跟單單一本教科書所能提供的內容做個比較。但是等等，還有更多的。例如耶魯大學法學院的阿佛朗計畫（Avalon Project），蒐集了許多歷史文件正本，並依時間排序，還有國家檔案局（National Archives）、歷史頻道（History Channel），以及通常由大學生使用的海馬網（Hippocampus）等等。

學生收看國內與國際電視新聞，並將時事與他們學習的歷史事件做連結。他們使用各種網路工具組織自己的網頁內容，例如社交書籤網站 Diigo 和 Delicious 來分享彼此的連結；以 Zotero、BibMe 來組織與列舉參考資料（把它們想成你當學生時可能使用的三乘五英寸的資料卡，只是更快速、廣泛）。他們在網路上做功課，並以電郵寄給阿姆斯壯，包括維基上的討論貼文與資料夾樣本，當然也在網路上收到阿姆斯壯的評分與評論。學生準備考試時，登入 Quia.com 做計時測驗；爲了確定熟悉內容還會重複上去測驗。他們也在 Quia.com 上進行多重選擇題考試，網站會自動回報個別與全班整體的結果，讓阿姆斯壯將時間專注於有困難的學生，或大多數人不懂的地方。

科技的時間與聊天的時間

我去拜訪的那一天，十五個八年級生走進教室，身上的背包與筆記型電腦包顏色都很鮮艷。但當天的課程是五十分鐘的討論會，課桌排成一個大圓圈，所以筆記型電腦都沒拿出來。學校課表安排每天都有一堂歷史課，三天是每堂五十分鐘，其他兩天則是八十分鐘，以便個人或小組有更多討論時間。

阿姆斯壯以各種方式引導討論，在白板上放映幻燈片，提示討論的問題或影像等等。對於一張顯示傑佛遜（Thomas Jefferson）與漢彌爾頓（Alexander Hamilton）圖像的幻燈片，他請學生們比較兩人在人性與政府角色上的相對觀點。他們在派遣一萬三千名聯邦士兵前往敉平威士忌叛亂（Whiskey Rebellion）上觀點有何不同？在抗議變成暴動時，如何在維護言論自由與國家安全上取得平衡？何種理念差異導致聯邦主義對抗民主—共和黨的發展？

五十分鐘時間裡，學生與阿姆斯壯不停言詞往返，每一個學生都參與。在一個叫作「思考—配對—分享」的規則下，每個學生有三十秒思考問題，一分鐘與相鄰同學討論。兩名學生被挑出來站到教室中間，分別扮演傑佛遜與漢彌爾頓，進行一分鐘的辯論。學生一方面練習口才，另一方面學習站在他們的立場，構思意見與論點，進行一場文明對話。當他們同意某位同學的意見時，他們會表示出來並說明理由。他們也隨時能對任何同學表示反對及提出理由。

上課期間少有冷場，隨時都有學生熱烈表示意見。阿姆斯壯在幻燈片中加入「沉默致命」的警語。他說：「警語的目的在提醒同學作爲積極學習者的責任，而非複製一般課堂學生始終靜坐無語的慣例。研討會也意在將『社交』重新放回『社會研究』中。這是他們表達自己思考、尤其是問題的時間。無知並非幸福。」面臨「時至今日，傑佛遜與漢彌爾頓對於人性的觀察是否已被證實」的問題時，一名學生引用馬多夫（Bernie Madoff，譯註：美國史上最大龐氏騙局主謀）的例子來支持漢彌爾頓的觀點，認爲人的行爲出於自利。另一名學生則以海地大地震後全球湧現的支持，來證明傑佛遜認爲一般人高貴善良的想法是對的。

阿姆斯壯研討會的程序

阿姆斯壯的歷史課中每位學生都熱烈參與討論的現象並非自然發生。學生每週都會透過「研討會程序」練習口才。它改編自紐約州希臘中央學區（Greece Central School District）與大羅徹斯特教師中心組織（Greater Rochester Teacher Center Network），[12]內容包括：

- 採取主動參與。聆聽—回應—提問。請求協助以澄清疑點。沉默對成績是致命的。
- 請勿舉手提問，輪流發言，且勿打斷其他人發言。
- 講話大聲清楚，讓每一個人都聽得到。向每一個人講話，而非僅老師。
- 回應前一位發言者的說法。提出能澄清並深化觀念的問題，以協助擴大全組對課業的了解。
- 邀請其他人加入討論，請教他們的思考和意見。
- 以身體語言顯示專注：身體坐直，直視發言者，勿小覷或批評其他人的評論。不許聊天，否則將導致研討會參與度的扣分。

阿姆斯壯還給學生一些指點：

■你說……但是……。因爲……所以……。
■我不確定爲何……說……。你能換個詞說明你的評論好讓我了解嗎？
■我明白你的論點，但我想補充／反對／另提觀點……。

阿姆斯壯的學生正在學習文明對話的藝術。這是我們民主政治所需，用以交換觀點、解決衝突並達成共識。或許國會多練習這個程序也會獲益良多。

➤「告訴我一些Google搜尋不到的事」

阿姆斯壯向學生強調在討論或寫作過程中指明引用資料來源的重要性。他鼓勵學生從事原創的寫作與演講，說：「告訴我一些Google搜尋不到的事。」在維基上，這個班級的團體心態清晰可見，學生經常提及能夠眼見、耳聞其他同學如何思考問題與一起討論的好處。舉例而言，學生合作創設一個有關一八一二年戰爭原因與結果的維基頁面，其中包括這場戰爭的原創畫作與相關歌曲的有聲貼文。學生並運用Google文件共同製作多媒體報告與播客貼文。阿姆斯壯則做別的事，既勇敢又少見：他請學生爲他打分數。在每一個單元結束後，他發給學生一份網路的「計畫評價調查」，請他們爲他的表現打分數，並分享下個單元如何改進的意見。

我和學生討論時，他們提到電腦使他們可以接觸到多重來源的資訊，遠超過一本教科書所能提供的。他們也提到能夠運用 Bing 或 Google 自己搜尋其他來源，譬如史密森尼美國歷史博物館網站。他們也發現在課堂中或網路上向同儕學習以及觀察同學如何思考的價值。學生對於傑佛遜與漢彌爾頓思想的評論貼文都可以在他們的維基班級網頁上看到。⑬

爲了寫碩士論文，阿姆斯壯訪問了一位名叫泰勒（Taylor）的學生，後者表示這門課程「讓我學會對資料來源保持質疑及提問。同一個事件並不是每次都有相同的說法，而且美國與全世界到處都存有偏見。我是一個視覺學習者，所以最喜歡看影像資料，但我同時也運用維基上其他來源的資料。由於我們寫作的對象是學術界的，所以完全沒有使用簡訊文字的空間」。

阿姆斯壯向其他教師展示他的維基班級所使用的網路工具與成果時，也提醒他們這個驚人的事實：「是免費的！」他的八年級班級是「開放教育資源」（ＯＥＲ）運動進展的證據。這個由高等教育開始的運動，正在改變 K-12 各年級學生。在它短短的發展史中，ＭＩＴ是一個里程碑：ＭＩＴ將校內一千七百門課程開放給網際網路免費使用。OER的資源可以來自課程計畫、教科書、影音、圖書館藏書、文章等所有媒體上的一切教育材料。OER並獲得願意爲智慧財產開放彈性使用授權的內容提供者的支持；提供者仍擁有相關財產權，但可以在網路上發行，供以教育爲目的免費使用。史丹福法學教授羅倫斯・萊錫（Lawrence Lessig）開發的「創意公用架構」（Creative Commons Framework）已成爲這類授權的標準程序。

馬歇爾・史密斯（Marshall Smith）之前曾在OER主要贊助機構惠列基金會（Hewlett Foundation）任職，現在美國教育部工作，曾爲OER運動的歷史與未來潛力撰寫了傑出的評論。[14]他一開始就介紹了三個案例，顯示這個運動正在全球促成教育民主化：

1. 一位肯亞的中學老師運用免費的網路互動擬眞模型，這個模型是由一位得過諾貝爾獎的物理學家設計的。
2. 中國西安一所大學的一位學生學習線性代數時遭遇難題，於是他上網找到MIT提供的、已經過翻譯的相關課程選輯。
3. 在美國，數以千計的中學生上網尋找免費的課業協助，協助的內容都經過因應各州不同要求所做的調整。

儘管因不同於大多數以專有版權爲基礎的教育出版制度，而致使OER運動遭遇許多理論與財務上的挑戰，它在阿姆斯壯課堂中的有效性卻不容否認。誠如一句網路名言：「資訊希望免費。」（譯註：原文爲free，亦可譯爲自由）

科技支援的八年級美國歷史課

距阿姆斯壯課堂不遠，另一所學生種族與家庭財力更多元的學校裡，一位八年級美國歷史女老師也用同樣的調查式、專題式學習，向四個班級教授相同的課程。雖然這所學校並沒有爲學生配備筆記型電腦，但仍有足夠的資源讓他們上網，存取重要的網路資料庫如國會圖書館及「今日歷史」（History Now），以及製作多媒體迷你記錄片。

這位女老師的課堂是聖塔克拉拉大學的皮德洛・耶南德茲－拉莫斯（Pedro Hernández-Ramos）與蘇珊・戴拉巴斯（Susan De La Paz）一項實驗性研究的對象[15]。「對照課堂」則是鄰近一所學校同樣以六週時間教授十九世紀美國向東北、南方與西部擴張歷史的班級。在對歷史的更深刻了解上，以及在提供支持論點的證據上，專題式學習的學生表現都超過對照組學生。課程單元結束時，專題式學習的學生對於學習社會研究與歷史的態度也更爲正面。

網路學習：鋪平並升高學習場地

一八四〇年，速記的發明者艾瑟克・皮特曼（Isaac Pitman）爵士想到一個高明的主意，運用當時才發明不久的「便士郵局」，將教育提供給大衆：通訊課程。他對這個新通路的創新使用——將教育投遞到學習者所在之處——立刻在以婦女及教育程度較低者爲主、缺乏正式教育管道者間受到廣大歡迎。

一八九二年，芝加哥大學開始提供全球第一個遠距大學課程。整個二十世紀裡，許多學生在美國的空中大學註冊，從南非到中國也有許多人透過遠距教學上大學，人數之多已使它們分別成爲各國最大的大學。今天，高等教育與 K-12 教育的網路學習更運用新通路：在任何時間、地點，將教學內容以電郵直接寄到學習者的信箱。

這個遠距教學的新時代正爲那些缺乏正式管道、合格教師，或被綁在家裡分身乏術，或常常在外移動的人，鋪平學習的場地。今天的網路學習者可以接觸、存取廣大的課程與研究資料，享受隨選傳送的影片、影像、圖表與文件，以及跟教學者與同學更密切地互動。說不定有些學生還發覺在網路上的學習成就大於在實體教室。網路學習不但鋪平，還升高了學習與研究的場地，重新定義了學習經驗。

在這裡，我把「網路學習」定義爲學生和老師在網路上完成大部分課程，包括班級集會等。大量運用網路資源卻保持經常碰面的課程，如阿姆斯壯的歷史課，則不符合這個定義。由於過去十年驚人的成長，網路課程已不只是一個創新鋒面，而已移到舞台中央。現在全美國有三十個州和超過一半以上學區提供網路教學課程。二〇〇九年史隆集團（Sloan Consortium）做的「學前至十二年級網路學習：學區管理者調查」顯示，網路學習正快速成長，每年成長率超過百分之三十，[16]而且這個趨勢更年輕化，由高等教育擴大到高中、初中。依國際 K-12 網路學習協會（iNACOL）統計，超過百分之四十高中與初中學生對網路學習表示興趣。[17]

史隆集團的報告羅列了純網路教學與半網路、半當面的混合教學日益流行的情況：

1. 百分之七十五公立學區有學生註冊參加純網路或混合教學，註冊學生中百分之七十參加純網路教學，百分之四十一學區提供混合教學。二〇〇五至二〇〇六年網路教學的成長率爲百分之十。

2. 在有學生註冊純網路或混合教學的學區，百分之六十六預期網路教學註冊人數將再成長。

3. 二〇〇七至二〇〇八年估計參與網路課程的 K-12 學生人數約有一百零三萬人，也就是兩年內成長了百分之四十七。

4. 各學區回報，從需要額外輔導到有能力參加大學先修課程者，網路學習能滿足不同型態學生需求。

5. 除自行製作網路課程外，各學區也依賴多元的網路教學內容提供者，包括中學後教育機構、州立虛擬學校，以及獨立的營利或非營利組織等等。

佛羅里達、密西根與喬治亞州已開設了全州性的網路教學，其他各州則同意以特許學校的形式辦理。要充分掌握網路教學領域的快速變化，最佳消息來源非 iNACOL 莫屬。在比爾與梅琳達・蓋茲基金會與 WestEd 兩個組織協助下，iNACOL 負責網路教學清算所（Online Learning Clearinghouse）的營運。

部分學者與政策專家認爲網路教學是教育的重大改變，能夠以更低的成本爲全國學生提供更好的教育。克萊頓・克利斯坦森（Clayton Christensen）、柯提斯・強生（Curtis

Johnson）與麥可・洪恩（Michael Horn）合著的《攪亂課堂》（*Disturbing Class*）以及泰瑞・牟（Terry Moe）與約翰・朱布（John Chubb）合著的《解放學習》（*Liberating Learning*）這兩本書都宣稱網路教學是 K-12 教育中的競爭力，將挑戰依賴老師與教室的實體學校對教育的主導地位。他們主張，在課程上網後，學校預算應移轉，降低教師人事費與校舍維護需求。

我不完全接受他們的論點。我仍然相信教師的力量。以喬治・盧卡斯的話來說，老師「能跟學生耳語，拍他們的背，這種師生間正面、肯定與人身接觸，仍是教育中最重要的力量。老師與學生雖能在虛擬環境中建立更密切與支持的關係，但如我們都知道的，視訊會議仍比不上面對面開會。所以我支持一種更精微的網路教學優點，結合『高科技』與『高接觸』二者之長」。

網路課程爲學生鋪平並升高學習的場地主要有兩種方式：⑴將我們最好高中的課程提供給所有學生；⑵充分駕御科技的長處，在學生與老師間建立一個完全投入與互動的學習環境。

將最好高中的課程帶給所有學生

網路課程的有效性通常拿來與當面教學課程比較。但這樣的比較唯有當面教學存在的情況下才適當。美國最好的高中爲學生提供世界級的教育，大學先修課程與學院預備班課程一應俱全。萬一你是聰明學生，卻不住在那些學區，而你的學校並未提供你取得大學入學許可所需的課程呢？

數百萬高中生遭遇這樣的不利，並非他們有錯，純粹因爲他們學校的規模、地理位置，以及缺乏科學、數學等學科合格老師。因此，在許多情況下，更恰當的比較應該是：有網路課程比沒有好嗎？在美國許多州，許多學生對這個問題的答案爲「是」。有些學生因身體殘障或受傷，也有些因體能天賦必須到外地比賽，以致無法天天上學。對於這些學生，網路課程填補了他們應修課程與學校所能提供課程之間的差距。網路教學將同樣的課程提供給所有學生。

網路教學最成功之處在於提供大學先修課程。虛擬的大學先修課讓學生能選修他們就讀高中未提供的課程。在史隆集團的報告中，對於爲何網路或混合教學很重要，K-12各級學校行政官員多列舉以下三項理由：「提供學校無法提供的課程」、「能滿足特定背景學生的需求」，以及「提供大學先修或大學級課程」。

在加州，十年前創設的加州大學預備學院（UCCP），旨在運用網際網路協助全州幾近一百萬高中生修習原學校未提供的大學預備課程，以取得申請進入加州大學系統的資格。目前UCCP提供十五門課程，包括生物、化學、環境科學、微積分、美國歷史、美國政府與政治以及心理學等大學先修課程，並提供網路實驗室。百分之七十六的UCCP課程選修學生，與百分之六十八的一般學生，在高中畢業次年進入二年制或四年制學院就讀。

改進課程經驗

「學習社群」這個詞現在很流行，指一群老師與學生一起積極地學習與彼此學習，或指一群專注於專業發展的教育者。學習社群能協助成員分享興趣與技能，並有團體認同與歸屬感。它是參與性的，啓發多對多的學習模式，而非一對多、由老師向學生「廣播」資訊。學生學習並彼此教導，老師則扮演教練及促成者的角色，而非教學的單一來源。

強大的學習社群唯有在面對面的課堂中才有可能。老師能在班級裡誘發學生形成小組，在其中彼此學習並分享。老師可以在這個有機學習團體中扮演一個角色，而非凸顯的中心。

不過，傳統班級的許多面向也可能阻礙社群的形成。一個以講課爲主、約二十五到三十五人的班級常常變得非個人化。上課時間有限。在很多人想講話時，卻只有一個人能講。許多學生在衆人前的口才不好，尤其是英語非母語時。而在「趕進度」的壓力下，老師也往往無暇注意到個別學生。

但網路教學的特性可協助實現團體的力量與社群的價值。在網路上，時間是無限的。學生一天二十四小時隨時可貼上評論。他們可花更多時間構思書面回應，做更深入反應，也能在書面回應外，另選擇錄製口頭回應，甚或製作配合背景音樂的幻燈片，或與其他同學合力製作播客。

網路教師常說，課堂在網路世界裡「活了起來」。在眞實世界裡說話不自在的學生常常在虛擬課堂中寫得流利矯健。學生流覽更多同學的評論，學習別人如何思考問題或難題。所有學生的「智能資本」都被啓動，走向多對多的模式。

以這種方式，網路教學最反諷但也最驚人的優點是它將學生學習經驗個人化的能力。網路教學竟然比當面教學更親密。

教育理想國對網路教學的報導[18]包括：

- 佛羅里達州最大的網路教育系統是佛羅里達虛擬中學（Florida Virtual High School），爲全州初中、高中生提供大學先修課程。在公私機構合作下，佛羅里達爲二十一萬 K-12 學生提供網路課程，這是全美國網路學生人數最多的。任一學生註冊網路課程，一旦完成課業，州政府的補助金將直接撥到學校帳戶。這種補助方式有道理，但對於監督及品質保證的關切仍對網路教學的成長形成限制。

- 在西維吉尼亞州，喬伊絲・麥克拉納漢（Joyce McClanahan）正爲幾個班級授課。她有二十一班，來自十五所不同初中。如同大多數老師，她的教學日每天上午七點四十五分開始，下午三點半結束，每節課四十五分鐘。但她黃昏開始還要爲學生一對一個別教學，常持續到晚上十點。工作內容包括聆聽以 Wimba（譯註：一種網路即時合作工具程式，供團體在其中教學、舉行工作會議等等）錄製的學生講話錄音檔，並予以指導。如本章之前所述，語言學習科技的特點之一是讓學生能錄製自己的講話聲，以供自己、老師與同學重複聽取、檢討。這是以表現爲基礎的評量的關鍵要素。學生的表現必須能夠錄製並分享，以便檢討改進。
- 內華達州克拉克郡，學生選修實體學校未曾提供的課程，這些課程時段經過特別調整，以便學生仍能在拉斯維加斯特殊的賭場經濟中上班或打工。高中學生代客泊車，或從事其他工作，一個晚上能賺到一百美元。克拉克郡不論實體或網路學校，上午課程開始的時間都調得很晚。

這些案例顯示了網路教學的能力。未來十年，網路課程或以電腦輔助的實體課程只會更爲進步。最令人期待的部分是，最好的授課可以快速在網路上發行。在 iTunes U 或

iTunes Beyond Campus頻道中，總共有超過二十萬個著名大學、博物館及非營利組織所發行的聲音或影片檔案，供免費閱聽。二〇一〇年二月有一天，這裡有各領域權威人士或機構所提供的各項演講、授課、評論的錄音與錄影檔，包括牛津大學的「哲學入門」（Philosophy for Beginners）、戰略暨國際研究中心的「海地地震」（The Earthquake in Haiti），以及荷蘭德爾夫特大學的「能源科技」（Energy Technology）。想找「黑人歷史月」（Black History Month）課程，也有艾莫瑞大學的艾麗絲・華克（Alice Walker）與西南大學的柯奈爾・魏斯特（Cornel West）的授課內容。

網路教學成果的證據

網路教學與面對面教學一樣有效嗎？蘇珊・派崔克（Susan Patrick）與艾麗森・鮑爾（Allison Powell）二〇〇九年在她們的《K-12年級網路教學有效性研究摘要》（*Summary of Research on the Effectiveness of K-12 Online Learning*）中檢視了相關的研究報告。她們列舉美國教育部二〇〇九年所支持的五十一項網路教學深度研究，其中四十一個的研究對象爲高等教育學生。

令人驚訝的是，平均而言，接受網路教學的學生表現得比面對面教學好。這項研究比較網路與混合教學及面對面教學。在混合教學與面對面教學的比較中，「混合教學更有效，爲設計與建立混合教學提供了合理性」。[19]

她們的研究同時發現：

- 平均而言，學習同樣的課程，全部或部分接受網路教學的學生，成績較面對面教學的學生好。
- 與純粹面對面教學比較，結合網路與面對面的混合教學，效果比純網路教學好。
- 部分研究發現，接受網路教學的學生花在課業上的時間比面對面教學的學生長，顯示網路教學有更大的效益。
- 大多數網路教學上的變化做法並不影響學生的學習成果。
- 網路教學似乎對各學科的課程與不同型態的學生都有效。
- 若能讓學生主導他們與媒體的互動，並誘發反省，網路教學將更能發揮效果。
- 對團體提供學習指導的效果似乎不如對個別學生的效果。

在西維基尼亞教育步調（West Virginia Ed Pace）對虛擬學校的研究中，在網路上選修西班牙語I的學生，學得和他們的同儕一樣好。在西班牙語II的課程上，虛擬學校的西班牙語學生則表現得比部分同儕好。虛擬學校西班牙語學生並且學習到很有價值的科技技能。研究結果顯示，結合面對面與網路教學的混合模式更利於執行，也更能改善學生的成果。

二〇〇七年，佛羅里達稅務觀察（Florida TaxWatch）對佛羅里達虛擬中學進行全面的評估。⑳這個非營利性組織以納稅人稅金的「看門狗」著稱，對各項公共政策與計畫進行獨立研究，「以促進佛羅里達州政府的效率與負責」。這次研究分析了學生的背景、成就與成本效益率，結果發現，在二〇〇四至二〇〇五與二〇〇五至二〇〇六兩個學年中，學生在學校學科、大學先修課程與佛羅里達綜合評量考試（FCAT）的成績，都比一般初中或高中學生好。所有虛擬中學的教師都有合格證照，他們的待遇也與學生表現連動，使虛擬中學成爲全州唯一以表現爲基礎的教育系統。

這項研究同時發現，虛擬中學對佛羅里達納稅人是物超所值，「無需交通與實體設施的成本，虛擬中學以電腦傳遞的教學，每一學生的成本比傳統學校更低」。

我們所知的教學之死

我曾就讀並任教哈佛大學，因此每當這個令人肅然起敬的學術殿堂對舊學術傳統做出反擊時，我就會很興奮。哈佛物理教授艾瑞克・馬瑟爾（Eric Mazur）已發動圍剿各級學校最珍視的教學制度：講課。

講課位處二十世紀教育制度的核心。我們知之甚詳：教師將自己的知識傳授給一個班級，通常以一小時爲單位，偶有大膽學生願意表達困惑或意見而提問。上課的傳統已歷時數世紀，知識只存在教科書或老師的腦袋裡，有待打開來分享給學生。腦袋與書是我們的所有，它們是知識與資訊的來源。它們是知識的容器，是古老時代的 Google。

但與教科書相同，講課絕非對學生友善的資訊傳遞方式。它是某一人——儘管是專家——個人版的知識。感謝 Google、Bing 等搜尋引擎，學生現在知道同一個主題有許多不同版本的知識，各有不同長度與深度、觀點與媒體。也感謝 iTunes、YouTube 與其他影音分享網站，學生可以觀看各種專家講課。

有了 PowerPoint 相助，一開始以口頭方式進行的講課，現在也常有視覺因素，包括文字、聲音與影像。這些視覺意象的設計，以及與老師口頭講課內容的配合，現在也成爲一種藝術形式，本身就構成一種媒體。我們之中誰敢自誇不會體會快被 PowerPoint 整死的經驗？

講課者還有以單行道方式傳授資訊的負擔。不論化學或美國歷史，一開始十五分鐘就搞不清楚的學生，通常在後來的四十五分鐘還是糊里糊塗。一旦講課者開始授課，學生若有問題想提問，不論是澄清誤解或希望跟上次講課內容做連結，都會形成干擾。

傳授課程的引人之處建立在講課者的自我，而非學生的享受。那是教職成員自我認同的基本成分。你要能講課。自知擁有學校所珍視的知識，而且學生願意來聽課（或許不如授課者認爲的心甘情願），會有很大的成就感。但曾經有人嘲笑，所謂講課不過是將教授的筆記轉換爲學生的筆記，完全未經過大腦。或如一位高中學科主任曾經跟我說的：「有時我必須提醒老師，教室裡除了他們還有其他人在。」

教師當然應將知識分享給學生。問題是，什麼是分享專家知識的最好方法？面對面上課的珍貴時間如何最佳運用？馬瑟爾已對這種常春藤化的教育課程扔出一把科技的大鐵槌。

「講課再見」

劍橋，麻州

由於發現學生對物理概念的掌握遭遇困難，馬瑟爾教授決定顛倒他上課的講課時間與提問時間的關係。他把自己的課程講義上傳網路，請學生當成家庭作業來看。至於上課時間，他分成好幾部分，包括簡短口頭報告、分組討論與互動等等，以引導學生了解一些他知道他們會遭遇困難的問題。

透過互動式白板，他請學生花幾分鐘思考一個可能有多重答案的問題並作答。如果發現百分之三十五到七十的學生答錯，他就會請學生彼此討論並比較各人的答案。他和教學助理會巡視各分組，引導他們的討論。同儕間的討論對增加學生知識具關鍵影響。完成討論後，他重新提出問題。看完學生們的答案後，他提出自己的答案，視情況提出相關題，或者學生已完全了解，就進入下一個主題。

馬瑟爾教授正建立一個原則：學生應在評估自己學習上扮演關鍵角色，分享他們的所知與不知。就如他所說：「與其以說來教，我改成以問來教。」蘇格拉底應該也會對此驕傲。對他的課堂以及全球其他類似課堂的研究結果顯示，學生學習所得三倍於其他傳統以講課爲主的課堂學生所得。馬瑟爾教授同時發現，他的互動式班級也消除其他傳統課堂常見的性別差異。

馬瑟爾並不孤獨。許多學校教師也有同樣的結論。馬瑟爾在哈佛的同事，以多重智慧理論聞名的霍華德・嘉納，是第一個確認自己互動式課堂價值的教育學者，並將講義上傳網路，學生來上課前要先看過講義且準備好問題。

現在，教師甚至不需要爲自己講課內容錄音。感謝網際網路上的影音分享，YouTube 和 iTunes U 等網站上有各種學科的無數講課影片，而且絕大多數都免費。教師也不必嫉妒，反而可以把它們當成節省時間的課程材料。他們可以指定特定影片的全部或部分作爲學生的功課，並遵循馬瑟爾的原則：充分利用有限且珍貴的上課時間，與學生共同努力，增加他們的理解。

馬瑟爾教授把他的經驗寫成一篇兩頁的美妙摘要，標題是「講課再見」。[21] 開頭的一句話我們都應該謹記在心：「我們常常因自認懂教育，而在討論教育時驟下定論。」

摘要以一句誠懇自白作結：「我唯一的遺憾是我喜歡講課。」

這種互動性並劃分段落式的課堂呈現與討論方式，其實衍生自近三十年前另一所大學的一項發現。一九七七年，史丹福大學的工程學教授詹姆士・吉彭斯（James Gibbons）偶然發現：講課時每十或十五分鐘停一下讓學生提出討論，學生會學得更多。

更令人驚訝的事實是，這些史丹福學生並未在校園中上課，而是在七十五英里外的惠普（HP）總部上班。這是最令人印象深刻的早期遠距教學案例，學生利用午餐時間和一位輔導老師一起看錄影帶，並隨時停下來討論不懂之處。吉彭斯把這種方式稱爲「有輔導的錄影帶教學」（TVI）。[22]這些「遠距學生」選修相同課程，參加同樣考試，成績的表現卻好過校園中現場聽老師講課的學生。想像一下，一位史丹福教授如何接受自己在影帶上比親自教學更有效的事實。

智慧課本

科技教育的最佳境界是個人化的教導，運用「智慧軟體」對學習者提供強大的診斷式的支援，幫助他們克服錯誤與誤解。最好的老師會在學生產生混淆、遭遇挫折，或需要以不同方式呈現教材時，能引導、促發並爲他們說明概念。科技的效益在於能仿效最好的老師，將這種支援提供給每一個學生。

在解決「電腦能否取代人腦」這個問題前，先想想下面兩個智慧系統如何改善你日常生活的例子。一是訂位，二是地圖。我們都曾經打電話給航空公司或連鎖飯店，提供個人及目的地等基本資料。智慧訂位系統將這些資訊存入我們訂位帳戶，以便我們隨時上網追蹤。智慧系統如何辨認我們的口音及嗓音？那些友善的語音又如何知道該怎麼回答？這些神奇系統是語音科技革命在數年之內由電腦科學實驗室走入我們日常生活的結果。

利用 Google 或 Yahoo 地圖，或以 GPS 來導航的行爲，已平凡到我們都忘了這些科技都是智慧系統。比較一下我們過去如何用印刷地圖來找到方向，以及現在網路地圖與地點指引如何有效率地服務我們，開車族因此省了不少時間和汽油。這些確實是綠色科技。

老師們常談到「鷹架」，如何以講課與教材搭好鷹架，以協助學生攀登得越來越高、進步越來越多。但如果學生的工具只有紙和筆，達成識字與識數基本目標對大多數學生而言將很困難。

對有數學天分的學生來說，獲得老師協助及搭好鷹架後，他們就能學到東西。也有一些學生雖沒有數學天分，卻有幸能有好老師花時間注意到他們個別的進展，協助他們爬上階梯。但對許多學生而言，閱讀教科書、聽課、做筆記（並擦掉許多）的學習方式並沒有效果。而且這些動作根本無法引發他們達到更大、更重要目標，例如對數學有興趣。這並非學生的失敗，而是課程的失敗。

多數學生艱苦地讀書，盯著課本卻毫無頭緒。根據美國教育部二〇〇九年的年度報告書，只有三分之一的四年級與八年級生的閱讀熟練度等於或高於他們年級應有的水準，但其實那個閱讀水準的目標是要讓所有學生達到。㉓老方法已經不管用了。

但想像課本是數位的，呈現在電腦螢幕上，學生可與它互動，對沒學過的字或見過但不知讀音或不解其意的字提問。想像這些字能配合暗示，例如部分發音，或顯示照片（如果那是名詞），或以另一種學生懂的語言如西班牙語、俄語等來發音。電腦搭的鷹架讓課本變得更聰明，能向學生透露字的讀音與意義。這就是我所謂的智慧課本。

而這確實是我們目前已有的科技。有一些電腦系統已對年輕學生提供這樣的協助。最知名的是美國出版與教育公司 Scholastic 的 READ 180，這個系統的設計目的是扭轉四至十二年級學生閱讀能力下降的趨勢。㉔由范德比大學教育學教授泰德・哈塞布林（Ted Hasselbring）與 Scholastic 製作人及學術顧問合作開發的 READ 180 是一個已達經濟規模的教育創新，目前在超過一萬五千個教室中使用。㉕這個軟體將科技的進步運用在診斷式教學、學生閱讀型態分析，並根據立即回饋來調整教學方式。它也讓學生運用適合自己學習型態的科技，隨自己需要來自行「有意練習」（借用哈塞布林教授措詞），而不必讓自己的窘狀暴露在同學面前。

哈塞布林解釋：

> 如果我們想要有意義地運用科技來改善閱讀與數學能力，我們必須先了解人類如何學習，以及科技如何提供支援。由於教學時我們未注意人類記憶運作的局限，已導致許多學生無法掌握基本技能。在提供學生足夠程度的「有意練習」，培育流利與熟練性上，科技提供了最大的希望。㉖

過去十二年來，READ 180 歷經三十七項研究，顯示它有助改善小學高年級到高中生、非洲裔美國人、美國原住民、拉丁裔學生、英文學習者與特殊教育學生的閱讀能力。約翰霍普金斯大學的資訊驅動教育改革中心（Center for Data-Driven Reform in Education）二〇〇八年提出一項報告，檢視了許多運用對照組進行的高品質評估研究，認爲在被採用的十四個智慧程式中，READ 180 是最有效的四個之一。㉗這些研究其中之一是以洛杉磯聯合學區的五百三十七位閱讀與寫作成績不及格的八年級學生爲對象，另以背景相同的學生爲對照組。一年之後，這些學生都有顯著進步，對照組學生則退步，顯示正值青春期且識字力低落學生所面臨的嚴重挑戰。㉘

READ 180 也用做課後輔導。在霍普金斯中心檢視的另一項研究中，在學生族裔背景多元的麻州布洛克敦（Brockton）一所學校裡，原本建議的九十分鐘上課時間縮短爲六十分鐘的課後輔導，並劃分爲三個段落：小組直接教學，獨立與模仿閱讀，以及運用 READ 180 軟體。㉙

相對於對照組，三百個參加課後輔導的四至六年級學生在口頭誦讀與生字背誦都有進步（不同年級幅度稍有不同）。而且 READ 180 學生出席率更高，也似乎更有意願參加課後輔導課程。

跳跳蛙（LeapFrog）教育產品公司的 Tag School Reading System 則以新型的手持裝置將另一種智慧課本系統運用在學前到三年級，將課文故事變爲互動，更有吸引力。它的標示筆（Tag reader）是一個鉛筆般的工具，學生將它點向特殊印製的課本頁面的不同點時，可透過耳機聽取聲音課文，課本的頁面因此成爲一種指與點的互動經驗。小小讀者可以聽到故事中的角色說他們的故事。標示筆點哪個字，就可以聽到字的發音和定義；點到作者的照片上，就能聽到他說明如何寫作這個故事。學生的標示筆連有ＵＳＢ線，能將有聲書連上老師的電腦來追蹤學生進度。

嚴肅的遊戲

過去十年來，遊戲與擬眞是重新設計學習最令人興奮及有生產力的領域之一，也是一個在大多數學校的邊陲地區緩慢發生的創新案例。著名的遊戲設計家、演說家與作家，經常在教育理想國網站撰寫文章的馬克・普倫斯基（Marc Prensky）喜歡詢問教育界與企業界的遊戲支持者，是否知道有任何老師在用遊戲。但他很少聽到這樣的例子。

在電腦運算能力與任天堂的Wii等創意軟、硬體大幅進展之下，過去十年來影音遊戲有爆發性的成長。據估計，這一行的全球年產值是五百億美元，超過電影工業。遊戲設計家知道，相對於電影票一張十美元（約台幣三百元），如果一個遊戲要價五十美元（約台幣一千五百元），那它就應該帶來五倍以上的娛樂價值。如果以時間來算，那至少是十個小時的投入與享受，而且大多數遊戲會被玩得更久。

教育遊戲的範疇雖小了許多，但也有同樣的進展。我們已有奧勒岡開拓者（Oregon Trail）和模擬城市（SimCity）這樣的經典遊戲。在國家科學基金會支持下，克里斯多福・戴迪與哈佛教育研究所一個研究與設計團隊製作了「河流市」（River City）。這是一個多人使用的虛擬環境（MUVE），學生可以在其中創造分身，回到一八七八年一個正逢疫病流行的小鎮，並以文字簡訊或虛擬動作與居民及衛生工作者溝通。[30]這個虛擬環境有眞實的十九世紀末的歷史與地理背景，利用了史密森尼博物館的五十個包括建築和街景在內的數位收藏物件。「河流市」致力於生物學、生態學、流行病學與科學研究的全國性課程內容與評量標準。

學生分組協助河流市調查流行病，蒐集線索以查證疾病究竟來自空氣、水或昆蟲傳染，蒐羅樣本並進行實驗，學習科學方法。他們調查低收入家庭較高發生率的現象，以及被污染的排放水與沼澤區域中昆蟲的可能角色。這個專題式學習的高潮是，學生舉辦了一場研討會，分享彼此的發現，並寫了一封信給市長提出建議。

研究團隊的研究顯示，運用河流市互動環境的學生不但在事後的生物考試中成績優於運用紙筆版的學生，也顯示了更大的調查嚴謹度，意謂他們有更深入的學習。[31]

已退休的最高法院大法官珊德拉・黛・歐康納（Sandra Day O'Connor）也對中年級學生公民與政府教育退步表示關切。她說：「就是這個時間，六、七、八年級時，學生腦袋裡的燈點亮了，想了解我們的憲法與政府的原則。他們開始好奇並敞開心胸學習。而這個時期他們還不會有高中以後長大的煩惱。」[32]

她注意到電腦遊戲在這個年齡層的流行程度，因此與法律學者、教師及遊戲設計者合作推動「我們的法院」（Our Courts）計畫，製作跟法律、法官及司法制度有關的遊戲。二〇〇七年，喬治・盧卡斯教育基金會爲這個計畫協辦了一場規畫會議，與會者包括了遊戲製作商，例如藝電公司（Electronic Arts）、紅山工作室（Red Hill Studios）與第二人生（Second Life）。「我們的法院」網站上的遊戲包括「最高決定」（Supreme Decision），學生扮演最高法院的書記官，參與「學生是否有權穿自己最喜歡的樂團T恤到校」的言論自由訴訟案；還有「辯論戰」（Argument Wars），學生在著名的訴訟案如《布朗案》（*Brown v. Board of Education*）或《吉地安對韋恩萊特案》（*Gideon v. Wainwright*）中自行選定扮演檢、辯任何一方，進行言詞辯論。

這些創作「嚴肅遊戲」的努力，代表科技鋒面中最有創造力的面向之一。如同我參與的教育電視系列節目《芝麻街》或Scholastic的《神奇校車》（*Magic School Bus*）的設計，這些計畫將相關主題的專家、遊戲設計者與教育家結合在一起，所締造的結果有潛力吸引數百萬學生以更專注的態度投入學習。這些遊戲的架構是讓玩家在心中設定目標，專心並運用不同策略以進入下一關，跟隊友合作並與他組競爭，讓這種學習更享受、更有社交效果。

南加州大學新聞、傳播與電影藝術教授亨利・簡金斯（Henry Jenkins）曾經評論年輕人這種透過電腦遊戲建立辨識度的新形式：「對於那些在『魔獸世界』中成爲公會領袖的孩子而言，那經驗就和擔任球隊隊長或校刊編輯一樣不得了。」[33]

教育火鳳凰

華盛頓特區

一個全面發揮遊戲對學習潛在效果的學校，讓學生不但玩遊戲，還設計遊戲，那會是什麼樣子呢？二〇〇九年秋天，在麥克阿瑟基金會協助下，「追尋學習」（Quest to Learn）在曼哈頓開張，是一個爲六至十二年級學生設立的全新數位學校。它在使命宣言裡用了一個新詞：「這個學校是設計來協助學生學習世界是互相關聯的系統，用以連結新、舊識能。設計與創新是這所學校兩個最大的觀念，與承諾專注於深度學習具同樣地位。這裡是數位媒體與課本的交會處，學生學習以設計者、發明家與數學家等等的方式思考。」[34]它的創校班級有七十二位六年級學生，以分組進行學習任務。這是一個值得觀察的學校。

「追尋學習」可以從華盛頓一所高中得到啓發。這所高中並不新，而是由本身過去失敗灰燼中，透過遊戲與擬眞，以提供內城年輕人充分運用科技的學習經驗爲任務，並因而重生的教育火鳳凰。一九九七年麥金里科技高中（McKinley

Technology High School）曾因暴力充斥而關閉。二〇〇三年它恢復上課，將重點放在數位媒體及生物科技。

在教育理想國對這所學校的側寫中，校長丹尼爾．郭爾（Daniel Gohl）說：

> 我們不希望學生是擬真科技的消費者，而是設計者。他們可以決定故事如何敘述……在學習到技術能力後，他們可以表現個人風格與創意……他們將會體認遊戲為何與數學有關，設計一個有吸引力的互動遊戲為何必須將代數、幾何、物理考慮進去。㉟

麥金里高中生非常有天分，能協助遊戲與擬眞專業開發者改進產品。他們爲霍華休斯醫學中心（Howard Hughes Medical Institute）的細菌辨識虛擬實驗室（Virtual Bacterial ID Lab）進行測試並提供回饋。在這個免費的擬眞環境中，學生學習取得DNA序位並辨識未知微生物，這種經驗是大多數高中毫無機會得到的。麥金里高中生還協助美國科學家聯盟（Federation of American Scientists）開發「免疫攻擊」（Immune Attack）遊戲，他們在遊戲中駕駛微小的奈米蟲，在血液與組織中航行，重新訓練一位女病人的免疫細胞救自己的命。他們也了解了白血球如何對抗感染。初步評量顯示，這些學生學會了白血球的功能等概念，並在分子與細胞生物學上獲得自信。[36]

數年後我們的攝影團隊重回麥金里，製作十二年級學生賈斯汀（Justin）的側寫，作爲「數位世代」系列之一。[37]賈斯汀是遊戲玩家、影片製作人、動畫家，喜歡古典音樂與歷史，並製作machinima（你可以上網查查這是什麼）。他在教育理想國網站上說：「我今年十六歲。我運用科技，因爲它能協助我完全表達自我。你可以用遊戲或數位媒體來創造東西，而那引起了我的共鳴。事實是，你創造一個遊戲，就幾乎是創造了一個世界。」

我們也訪問了威斯康辛大學麥迪遜分校副教授柯特・史奎爾（Kurt Squire），他與四到六年級學生討論「文明帝國」遊戲。他觀察發現，在未有預定課程情況下直接和學生玩這個遊戲，他們必須學習地圖與地理，研究「科技與地理如何影響一個帝國的興衰」等問題。在玩過高挑戰性遊戲後，學生往往希望更進一步設計自己的遊戲。

史奎爾也注意到，教育類遊戲對注意力缺陷過動症、常擾亂課堂的兒童有特別的衝擊。「我們認爲，吸引他們的興趣，將之導向正面，遊戲是一種非常有力的方式。孩子當然喜歡它們。」影片中的學生西拉・貝勒（Ciarra Belle）補了一句：「麥金里的精神如此不同，讓你想學更多。他們教我們動畫與3D模式，還有Maya（一種動畫與視覺效果軟體）等東西，都很刺激。」

當孩子在學校說「喜歡」學習，或某事很「刺激」時，我們都應該更注意。

協助性科技：「我們都有特殊需求。」

戴眼鏡的人都很幸運，因爲我們的文化並不歧視使用這種協助性裝置。至少成人不會。眼睛不好的小孩可能有幾年被叫四眼田雞，例如我。在拍了四年級的全班合照後不久，我就得移到第一排才看得到黑板上的字，然後就是戴眼鏡。現在我戴雙焦距眼鏡和隱形眼鏡，感激視力科技不斷改進，不然我就應該是法律上的全盲者了。

我的「殘障」屬於溫和、可矯正的。根據美國視力協會，百分之七十五的成人有這個問題。它位於殘障光譜的一個極端，影響身體、情緒與心智功能，但科技不斷提供新解決方案。

「協助性科技」（assistive technology，簡稱 AT）是今天教育事業中最令人興奮的。但許多教育家、決策者、爲人父母者及資金提供者仍渾然不知它的貢獻。許多有關「數位資產」的討論也未將它納入。AT 服務了美國約六百萬殘障學生，達學生總數的百分之七點七，而殘障類別包括特定學習缺陷、口語或語言損害、智力不足、情緒困擾、自閉症及腦部損害等等。

「身心障礙個體教育促進法案」（The Individuals with Disabilities Educational Improvement Act）明定，在爲所有特殊教育學生擬定個別教學計畫時，應先「考慮」AT。根據教育資產原則，每個有意改善學校的人都應該推動確保特殊教育學生能受到可能的最好照顧，包括使用有效的 AT 裝置。

但我們還有一個更基本的理由需要 AT：它的進步也是我們所有人的進步。原本用來協助學生運動、感應或心智的科技工具，對每一個人都有很大價值。一個例子是語言辨識與合成，它原本用來協助視覺受損者，讓課文可以自然語讀出。我們的口語經過數位處理、翻譯後，再由電腦回應。這個經驗已流暢到毫無頓挫，我們很快就完全接納。卡內基美隆與史丹福等大學以及 AT&T、Google 等企業對語言科技的研究，正改變我們與電腦、世界及彼此的來往方式。在不久的未來，我們只需要對手持裝置口述，內容即可以聲音或訊息的方式傳送出去。我們習慣用來輸入文字的鍵盤，將成爲使文字呈現於螢幕上的數種方式之一而已。

AT的研發已擴大爲更廣泛的「全方位課程設計」（UDL）運動。前身爲「可取式特殊科技中心」（Center for Accessible Special Technology）的CAST，是這項運動的開路先鋒，提倡設立「全國性教育材料可取性標準」（NIMAS）。發行商採用NIMAS後，製作可轉換成各種不同格式的數位教育材料，供不同型態的學習者使用，包括布拉耶點字書、有聲書、網頁和大開本書。

一九八四年與安・梅耶（Anne Meyer）共同創辦CAST的大衛・羅斯（David Rose）博士，因在UDL運動中的領導，於二〇〇四年獲選爲教育理想國「十二勇士」（Daring Dozen）之一。[38]一九七〇年代初期，我和羅斯共同擔任一個研究計畫的助理，該計畫旨在研究美國公共電視網的《電力公司》，一個以二至四年級學童爲對象的閱讀節目。即使當時，他對於以媒體協助有困難讀者的熱情就很明顯。他塑造科技以服務所有學習者，是激勵人心的教育創業家案例。

國家科技創新中心（NCTI）在資訊、研究與合作案上扮演類似清算所的角色，「以培植科技創新的方式，促進殘障學生的學習機會」。[39]NCTI可連結到「科技母體」（Tech Matrix），後者爲有特殊殘障教育需求的教育者和家庭跟AT及其他產品配對。NCTI是追蹤這個領域最新發展的珍貴資訊來源，每年邀集AT領導廠商、決策者與創業家舉行研討會。

教育理想國網站對協助性科技與全方位課程設計原則的報導包括：

■艾巴諾・柏柏瑞（Albano Berberi）是波士頓地區一個盲眼高中生，修習電腦科學，拉小提琴。他在電腦課堂中用一個有點字鍵盤的記錄裝置，將課文輸出到語音合成器及閱讀螢幕上，以將文字轉換成語音後，再唸給他。

■坐在輪椅上的盧卡斯・布萊契（Lukas Bratcher）在他的高中樂隊裡演奏低音號，靠一根特殊搖桿電子提示他樂器上的閥門。

■教育發展中心（Education Development Center）的艾里斯・布蘭（Elise Brann）以及NCTI的崔西・葛瑞（Tracy Gray）與海蒂・席佛—巴古拉（Heidi Silver Pacuilla）在一篇文章裡介紹了一些協助性科技工具。[40]

我日前在柏克萊參加了由可取式特殊科技中心舉辦的一項活動，其中有一項展示會，產品是英特爾的一個新閱讀器。這個爲盲人著想的聰明裝置能將所有文字轉換成口語。展示過程中，閱讀器先掃瞄活動流程表，一分鐘後一個友善的男性聲音毫無瑕疵地將內容唸出來，甚至還有自然的語調。主持人還提到，AT提倡者主張將人行道斜坡概念數位化，以設計相關產品。這個裝置對所有想在光線不佳餐廳中看清小字菜單的人都會很有用。

喬治·盧卡斯領導我們的基金會有更包容的眼光。二〇〇〇年他在一期教育理想國新聞信中寫到：

> 在拍攝我們的《學習與生活》記錄片（一九九八年）時，我們在沃斯堡碰到一個腦性麻痺女孩，名叫萊思莉（Leslie）。她用語音辨識軟體為校刊口述文章。電腦消除了協調手腕移動與手指按鍵的障礙。萊思莉也獲得解放，可以與大家分享她內在智慧與寫作的才華……在網際網路中，她的作品可以輕易世界知悉。讀者不會知道作者有腦性麻痺，而那也不重要。身有殘疾的學生正引導我們面對自己的殘疾，並省思科技如何協助我們所有人實現真正的潛能。

在我看來，任何缺乏全面接觸資訊與觀念的機會或無法充分自我表達的人，都有某種形式的殘疾。這可以包括學習障礙，居住偏遠地區，或英文為第二語言的學生。我希望有一天，同一課堂裡性向與能力各不同的學生共同合作將成為原則，而不是例外。一個學生的殘疾情況與程度如何，將不跟他的天分與嚮往相提並論。畢竟，你想一想便知，我們都有特殊需求。[41]

蘇格蘭的開明觀念

設想你是一個假想國度的教育部長，下面有五十個地方教育主管機關或學區。二〇一〇年你面臨以下的複雜科技地貌：五十個學區在軟硬體、電郵、視訊會議及網路系統解決方案上各自爲政。你要怎麼辦？有五十個分支機構的企業執行長不會容許這些分支各自解決科技需求，他們知道創造統一科技解決方案以順暢整體企業流程，節省成本與時間。

我們有 Google、YouTube 和一卡車網站將全世界的資訊、照片、影音等整理存檔，並在一瞬間傳送給搜尋它們的幼小手指。但是，找到他們想要的資訊仍是挑戰。學習歷史、科學或藝術最好的網站是哪一個？而且，有時候幼小的眼睛和耳朵會找到不適合的資訊。許多地區以封鎖特定網站的方式解決網路中黑暗的一面。但有些部分內容令人不敢苟同的網站，可能也同時包含許多有價值的材料。YouTube、iTunes U 頻道上有來自公共電視公司、史密森尼的世界級演講、各種不同主題記錄片，蘊藏豐富。但由於部分內容可能造成法律問題，許多地區封鎖了 YouTube 和 iTunes。

與其接受現狀並將許多高品質內容隔在高牆之外，部分有遠見的科技人可能會問：「我們爲何不建立一個教育內部網路？爲何不爲五十個地方教育主管機關建立一個共通的科技平台，好讓它們的軟體、硬體、電郵、視訊會議與討論小組可以互通？爲何不在這個網路中建立一個『有門的花園』，所有網站都是教育性的，而且經過教育者的認可？」

大多數人讀到這裡會說：「這太有道理了！」但美國還沒有一個州做到這點，至於全國性解決方案更希望渺茫。再一次，這方面的創新來自其他地區：蘇格蘭。蘇格蘭在啓蒙運動前後誕生了多項科學或科技發明，包括瓦特的蒸汽機、凱文爵士在熱電學上的成就，它很適合照亮一個勇敢的構想，形塑未來的教育網路。

發光吧，全世界第一個教育內部網路

蘇格蘭

一九九九年，蘇格蘭檢視轄下三十二個地方教育業務後很明智地說：「我們來建立教育內部網路吧。」二〇〇一年，這個總人口五百一十萬、學生人數七十萬的地方，投入六千四百萬英鎊興建並營運教育網。看到這個數字，多數美國人會說：「未免太貴了吧！很難負擔的。」現任職柯伯高拜創投公司的約翰・蓋吉之前在擔任昇陽電腦公司科學長時曾見過許多教育部長，他說：「我們美國人的問題是把教育當成成本，其他國家則把它當成投資。」

這個原先定名「蘇格蘭數位學習網」（Scottish Digital Learning Network）、後改名「發光」（Glow）的系統，於二〇〇七年九月開張。[42]到二〇〇九年秋天，所有三十二個地方教育主管單位或學區，都簽約加入「發光」。此系統共有二十五萬學生註冊登記，有百分之十每天登入使用學習。受到這個成果的鼓勵，蘇格蘭政府已對「發光」進行長期投資，包括二〇一七年要升級爲「發光二」。

與緬因州相同，「發光」成功的關鍵在於專注於教師與校長的發展。重點並非單單在學校裡添置科技設備，而在展示科技如何導致更好的教學效果。「發光」爲教學計畫編製目錄的功能爲老師節省許多時間，而時間是老師最珍貴的資源。作爲「學習與教育蘇格蘭」（Learning and Teaching Scotland）計畫的教學與科技主任，羅瑞・歐唐納（Laurie O'Donnell）是「發光」的主要建構者之一。她認爲「發光」的主要效益是提高各種型態的溝通。在此之前，教師多半渾然不知同僚在做什麼事，而「發光」讓他們能搜尋並發現蘇格蘭與外國的課程案例。它也讓父母更能追蹤孩子的課業與考試情況。

歐唐納以他的領導貢獻，獲選爲教育理想國二〇〇八年的「十二勇士／全球六人」之一。[43]對於考慮建立教育內部網路的國家或地區，他建議：「這項科技雖很複雜，但大概比政治、文化或人性等議題還簡單。你必須在等號的兩端都強大。你需要強大的科技以支援教育，因爲它的脈絡超級複雜又變動不居。但如果缺乏人性面向，即使最好的科技也注定是報酬貧乏的投資。」

「發光」吸引了來自二十個國家以上的訪客，包括我本人。當我參觀丹狄（Dundee）一所小學課堂時，他們正像打電話一樣輕易地與一所郊區學校課堂舉行視訊會議。「發光」的網頁上可以看到它如何被運用來鼓勵合作與溝通，從小學到高中學生都適用。[44]

也許最好的讚美來自格拉斯哥市外一位高中生物教師杰・李查茲（Jaye Richards）。她的學生研究河川污染時不但檢視當地河川，還包括了長江與墨西哥灣的情況。相較於同校使用同樣課程、但未使用「發光」的其他三個課堂，她的學生在年終評量及其他考試成績平均高出百分之十四。更好的指標是學生的身體語言：「下課時我得把他們拖出教室。」他們通過保羅・修斯頓設立的偉大學校標準：「大多數學生早上勉強到校上課，下午放學時衝出教室，這些沉浸在安全網路中與世界連結的蘇格蘭學生卻不願離開。」

本章中各個案例顯示教導與學習正如何經歷唯賴新科技與媒體才能帶來的根本改變，包括課程如何重新設計與傳授，學生與老師如何溝通與分享知識。本章的科技鋒面與第四章的時空鋒面密切相關：不論何時何地，尤其超出課堂與社群之處，只要有學習者，學習便能進行。

4 時空鋒面
——在任何時間、地點學習

在美國，學習是時間的囚徒。過去一百五十年來，美國的公立學將時間控制成常數，讓學習成變數。

——時間與學習全國教育委員會（National Education Commission On Time and Learning），一九九四年

美國兒童與青少年一天的時間構成不但過時，甚至早該被淘汰。在一個新的學習日子裡，下課鐘根本不存在。

——時間、學習與課後任務小組（Time, Learning, and Afterschool Task Force），二〇〇七年

由網路學習所代表的科技大幅改變了學習發生的時間與空間。時空鋒面代表以下這個舊觀念被摧毀：教育發生在教室的四牆之內，由週一到週五，每天上午八點到下午兩點，加上一些課後家庭作業，一年重複三十一週共一百八十天，放三個月暑假後再周而復始。但現在全世界的學習資源都是一年二十四小時處於開機的狀態，「學校」也已逐漸改變，促使學習「隨時隨地」發生。

科技並非這個鋒面後的唯一動力。人口與社會的變化也在將這個鋒面移向中心。勞動市場型態的變化也產生了需求：大人希望兒童能在安全環境裡受照料，學習八或九個小時，而非僅六個小時。「成就差距」也引發在下午課後、週末與暑假對低成就學生提供更多支援的努力。都市化、過度運用科技，以及對於兒童過胖問題的關切，也掀起帶學生走出室內、走向自然的運動。這種以空間為基礎的經驗式教學手段連結到課程鋒面，將學生帶到他們能有親身體驗的地方（一如杜威所主張），體驗眞實的密西西比河，而不只在課本上讀到。學生所處的社群、州與國家都成為他們的課堂。在本書的六個鋒面裡，時空鋒面或許是最不明顯的，但它建立在改變學校的許多社會動力上。

時空鋒面有一個生動的例子發生在一個看似不可能的地方：校車。許多學生在校車上花費大量時間。參加體育代表隊的學生也花很長時間搭校車外出比賽。對於塞在車陣中的都市學生，或穿過各小鎮的鄉村學生，搭乘校車的時間通常用來玩遊戲、講手機，或如《紐約時報》一篇文章所形容：「用來開玩笑、傳簡訊、打情罵俏、攀爬椅背，甚至拳打（座椅或同學）。」

這篇文章爲〈Wi-Fi 把喧鬧的校車變成行動教室〉（Wi-Fi Turns Rowdy School Bus into Rolling Study Hall），報導了亞利桑那州維爾學區如何將高中校車建置爲 Wi-Fi 的行動熱點，讓學生可以在長達七十分鐘的到校車程裡完成作業、交功課、上網搜尋資料等等。① 這個土桑市郊區的學區面積四百二十五平方英里，有十八所學校共一萬名學生，其中的帝國高中（Empire High School）利用教科書經費來爲每一位學生配置筆記型電腦。被學生喚爲「網路巴士」的校車同時也載送運動代表隊出外比賽。

根據學區官員報告，在這些長時間的車程中，「學習時間」增加，偏差行爲減少。儘管部分學生利用網際網路玩遊戲和寫信給朋友，大多數學生的認眞程度卻令人印象深刻。佛羅里達、密蘇里與華盛頓特區的學區與學校也紛紛在校車上建置 Wi-Fi，所需費用包括一個兩百美元的路由器和六十元的月費。這些教育工作者「想著校車以外的事」（原諒我的雙關語），並很有創意地爲他們的學生找到額外的學習時間。維爾學區一位校車司機柯迪・賓漢（Cody Bingham）開四小時車載足球隊到外地比賽，他說的最好：「這是我載高中生最安靜的一次車程。」

教育理想國記錄片中一段最驚人的場景也與青少年及車輛有關。二〇〇二年，我們拍到洛杉磯附近的聖費南多高中（San Fernando High School）兩位學生晚間坐在停放路邊的車子裡，臉上映著微光。更懸疑的是，他們的車子停在老師家前。

結果，他們點亮的並非非法的東西，而是自己的心智。他們利用馬可・陶瑞斯（Marco Torres）老師家裡的無線網路上網。這兩位學生是獲獎的聖費南多教育科技代表隊的成員，在拍攝社會議題影片，包括當地暴力案件、血汗工廠中的勞工問題等等。②陶瑞斯曾在課堂裡不經意地提到家中新裝了無線網路。這個場景說明，學生們知道儘管學校的坐息是一年一百八十天、一週五天、一天六小時，網際網路的學習世界卻是一週七天、二十四小時不打烊。在學校設置了無線網路後，雖已下課關門，也會有學生坐在停車場中的車子裡上網。陶瑞斯的學生點亮的學習之燈，是發光的電腦螢幕。

美國年輕人與媒體：另一個課程

我們都知道健康關乎每天、每週的飲食習慣與運動習慣，必須持之以恆才有回報。同樣的，學習也與一個人如何過每一天、每一週和每一年有關。我們可以把它想成一種「學習習慣」，善用課堂上與課堂外的每一個小時。

教育工作者與政策決定者想爭取更多的學習時間，但他們面對了娛樂媒體的激烈競爭。這個同樣可以運用在教育上的媒體與網路科技，在美國年輕人的生活與時間上已居主導地位，且占比仍不斷增加。

我在一九九四年的著作《聰明父母的兒童電視指南》（*The Smart Parent's Guide to Kids' TV*）中引述一項驚人數據：到孩子高中畢業時，他們花在電視上的時間將比課堂裡多。算一算，每天六小時在校、一年三十一週，乘以十三年後，等於一萬兩千小時。而孩子平均每天花四小時看電視，乘以五十二週，再乘以十三年，等於一萬八千小時。校外時間的媒體運用顯然是「另一個課程」。③

電腦、手機、DVD、網路電視與 iPod 等媒體十五年來蓬勃發展，在兒童生活中占據更大的分量。根據凱撒家庭基金會（Kaiser Family Foundation）二〇一〇年的研究《M2世代：八至十八歲年齡層生活中的媒體》（*M2: Media in the Lives of 8- to 18-Year-Olds*），孩子每天花驚人的十小時四十五分鐘在媒體上。而這只是平均。部分兒童每天花十三甚至十五小時。這個數字不斷成長，是由一九九九年的七小時二十九分鐘，到二〇〇四年的八小時三十三分鐘，再到二〇〇九年的十小時四十五分鐘。④

你很可能會問：這怎麼可能？每天還是只有二十四小時呀。答案是：多工（multitasking）。美國小孩將十小時四十五分鐘的媒體使用擠到七小時三十八分鐘的「人類小時」裡。行動媒體讓這成爲可能。二〇〇四到二〇〇七年間，手機持有率由百分之三十九成長到百分之六十六，MP3持有率則由百分之十八成長到百分之七十六。一項令人驚訝的發現是，年輕人用行動裝置來聽音樂、玩遊戲和看電視的時間（每天四十九分鐘），比用它來講電話的時間（每天三十三分鐘）還多。

二〇〇七年，電影工作者羅勃・康普頓（Robert Compton）、查德・希特（Chad Heeter）與亞當・瑞尼（Adam Raney）製作了一部影片叫《兩百萬分鐘》（*Two Million Minutes*）。它描述了分別來美國、印度與中國的六個高三學生，每國男、女各一。片名出自這些高三學生四年內以分鐘計的全部時間。他們的「學習習慣」有強烈對比。美國學生享受影音遊戲與逛購物中心，而印度和中國學生則花更多時在課後補習和週末學校。

雖然影片似對美國學生運用時間的方式有所批判，但我看不出來美國學生的生活型態到底是更多元或更輕浮，以及印度與中國學生專注課業究竟是太狹隘或學業更優秀。但影片非常成功地呈現不同文化的學生如何運用他們的兩百萬分鐘，也顯示爲美國青少年隔離出更多學習時間是多麼重要且高難度的事。⑤

解放學校，免爲時間囚徒

我最喜歡的政府報告之一（可能有人會說這是矛盾的）來自教育部一個名稱很不尋常的時間與學習全國教育委員會，幕僚長是教育部官員米特・高德柏格（Milt Goldberg）。這份一九九四年的報告《時間囚徒》（*Prisoners of Time*）寫得很好，簡短有力，也頗有幽默感：

> 在美國，學習是時間的囚徒。過去一百五十年來，美國的公立學將時間控制成常數，讓學習成變數。部分聰明、用功的學生做得很好。其他學生（由一般學生到中輟生）卻都碰到問題……就像奧利佛・培里（Oliver H. Perry）在一八一二年戰爭時著名的戰報：「我們遭遇敵軍，並且他們已是『小時』了。」⑥（譯註：培里是十九世紀初期美國著名海軍將領，於一八一三年伊利湖之戰殲滅整支英國分遣艦隊。戰後他向上級發出著名簡短捷報“We have met the enemy and they are ours.”。作者引

用這個捷報，但故意將原文的 ours〔我們的〕打成 hours〔小時〕）

根據時間與學習全國教育委員會，問題不只在學年的長度，更在每天上下課作息安排的僵化。報告的結論是：「我們的學校……是時鐘與日曆的俘虜。我們對學生提出不可能的要求，在重要學科課程上只花外國同儕一半時間，卻要求學得和他們一樣好。」⑦

報告強調美國學校是在時間暴政下運作；每堂課（四十五到五十分鐘）、每天（六小時）、學年（一百八十天）的長度等規定僵化，全國一致。其他工業國家認為更多時間等於更多學習：德國與日本都有更長的每天上課時數與學年天數，讓學生能有更多時間花在重要學科上。

大多數中等學校五十分鐘一堂課的安排是將學習時間切割成小段，學生在「過場時間」換教室，往往必須由校園這一頭走到那一頭。學習的節奏被時鐘控制。每一個小時，學生在學校生產線的輸送帶上跳上跳下，更僵化了學校是工廠、學生是生產機件的模式。鈴聲持續響起的鐘點儀式，阻礙學生以小組方式進行深度學習，或外出到社區搜集資料、訪問專家。

即使在上課時間內，教學時間也常被浪費，讓問題更為惡化。學生的身體雖在教室內，但常常分心或無聊，要不然就處於等待狀態，等老師把教學時間用來教訓完少數不規矩的學生。

如果學生必須成爲知識工作者，爲何我們要在這關鍵的六或七年將這種他們過去不曾、未來也不會遭遇到的密集時間表強加其身？而且這個時間表還加強各學科的區分，數學跟科學分開上，英文與歷史無關。

老師們也被這個僵化的時間表孤立在各自的課堂裡，缺乏向其他老師學習的機會，也無法專注於學生的課業。教學可能是所有行業裡從業人員最無法控制自己時間的一行了。

這種生產線式時間表源自「卡內基學分」（Carnegie Unit），規定高中每一學科一年須有一百二十小時教學時間，並根據每一學年三十週的時間框架，劃分成每天一堂五十或六十分鐘的課。「卡內基學分」則源自一九〇六年鋼鐵大亨安德魯・卡內基捐資設立的「卡內基教育促進基金會」早期的計畫。現在我們該揚棄這個超過一世紀的教育老觀念了。幸運的，部分初中與高中已走向九十或一百二十分鐘的塊狀時帶課程，以利更深的投入與跨學科學習，並實踐另一個已存在多時、卻少有人做的教育創新：團隊教學。

在《時間囚徒》報告發表超過十五年後，大多數美國學校仍甘爲俘虜，受限於一個包括三個月暑假在內的過時行事曆。這樣的年度行事曆也局限了近七百萬 K-12 教育工作者、五千五百萬學生及其家人的日常作息表。但我們社會的各部門，無論政府、企業或非營利組織，沒有一個認為自己的工作年度是由每天六小時、一年一百八十天（三十週）所組成。

教學時間重組並不意味僅僅在傳統上課日裡增加更多相同的鐘點。延長每天上課時間來背誦、小考或做習題非但不能提高學生程度，反而可能降低他們的企圖心，造成反效果。暑假輔導應多參考西費城汽車學院（請參閱第二鋒面）的做法，少一點令人心智麻痺的落後學生補救教學。對於教學時間重組的討論不應退回增加時數的簡單觀點。誠如高德柏格所謂：「一個爛透了的八小時上課日，比爛透了的六小時上課日更爛。」

第二鋒面曾說明，評量或許引導了教學與學習，但時間表才能引導教學與學習時間如何運用。就像海明威所說：「時間是我們唯一所有。」重新思考上課日與學年安排已刻不容緩。

鐘響之後，學習的新日

時空鋒面最令人興奮的發展是許多州、許多學區正超越傳統界限，重新定義上課日。面對「沒有一個孩子落後」法案的壓迫性課程安排，許多學區開始合作創設課後計畫，以協助學生作業、個別輔導，或從事娛樂、體育活動，以及更有創意的透過藝術、科學與科技來教學。這些計畫與做法擴大了學校的科技資源，並在下課鐘聲後繼續敞開學習之門。許多專題式學習延伸到了課後時間，包括下午、黃昏、週末與暑假。

在學校與社區團體合作後，「教育工作者」便產生了新的定義。這些非正式或社區的教育工作者可能來自科學中心、藝術博物館、地方企業以及許多其他組織。有些也可能是與地方學校合作的大學教授。他們不但增加學生的學習時間，也改變了學習的方式。

早在一九九七年教育理想國製作記錄片《學習與生活》時，就對社區合作延長學習時間感到興趣。這部由羅賓威廉斯主持的片子介紹了西狄蒙（West Des Moines）學區如何擴大使用學校建築，成爲附近社區的學習中心。⑧影片中一個女孩協助母親學習使用電腦。社區團體借用學校體育館上舞蹈課。二〇〇二年，我們製作拍攝另一個類似故事：紐約市各學校與兒童救援協會（Children's Aid Society）的合作案，包括開設舞蹈班與小提琴班，還有一個西班牙語系婦女團體集會討論家庭暴力等議題。⑨

教育理想國的報導還有：

● 洛杉磯聯合學區的旺恩新世紀學習中心（Vaughn Next Century Learning Center）是一個學前到十二年級兒童與青少年學校。校長陳黎意芳（Yvonne Chan）將學年由一百八十天延長爲兩百天，以滿足學生的需要。她的學生有百分之九十七來自低收入家庭，百分之七十八的母語不是英語。旺恩中心爲每一天課後安排了內容豐富的課程或活動，包括學前幼童托育、全天性幼稚園、科技整合、藝術課程，以及健康與心理諮詢等等。五年之中，她的學生們在學業表現指數（Academic Performance Index，指數範圍由兩百分到一千分）的平均得分由四百四十三分增爲六百七十二分，提高了超過兩百分。

- 在二〇〇四至二〇〇五學年中，德州沃斯堡的艾麗絲卡森應用學習中心（Alice Carlson Applied Learing Center）安排了四個塊狀時段（每段九週）及春、秋學期之間的工作坊，讓幼稚園到五年級的學生參加藝術、科學及電腦課程，另外還有語言藝術與數學擴充課程。
- 在芝加哥的北肯伍德/奧克蘭特許學校（North Kenwood/Oakland Charter School）裡，中學生參加一個課後計畫，製作芝加哥歷史的電影報告，主題包括一九三〇年代的非洲裔美國人社區布朗茲村（Bronzeville）、黑豹黨在民權運動中的角色，以及一九四一年興建的艾達威爾斯集合住宅（Ida B. Wells Homes）——這是第一個有公園、遊戲場與運動場的市民住宅計畫。在全國公共廣播電台製作人大衛・伊賽（David Isay）等專業人士指導下，學生們運用歷史照片、影片、數位相機、編輯軟體及筆記型電腦製作記錄片。他們的部分作品在學生比賽中獲獎。而這個計畫本身則由蘋果公司前研究員克麗斯汀娜・琥珀・伍爾西（Kristina Hooper Woolsey）拍成記錄片，作爲麻省理工學院研究今日的數位年輕人的計畫內容之一。

在布魯克林的「全球兒童計畫」（Global Kids）中，十來歲的青少年將他們對視覺娛樂的熱愛轉成設計影音遊戲。「認眞玩」（Playing for Keeps）計畫鼓勵他們研究機場中的種族貌相、愛滋病或一個海地家庭的鄉村生活等題材，作爲他們最後的作品。

重新構想時間與學習

二〇〇五年我加入「時間、學習與課後任務小組」。這個小組是由位於密西根弗林特的查理史都爾莫特基金會（Charles Stuart Mott Foundation）召集，目的在研究可以爲學生找到多少課後學習時間。主持者是全國小學校長協會前執行長文斯・佛倫迪諾（Vince Ferrandino），成員包括教育部卸任官員、研究學者、一位學區督學長以及全國課後團體領袖。

莫特基金會長期持續致力爲兒童建立安全與支持的環境，包括課內與課後。這個基金會可回溯到通用汽車共同創辦人莫特，他曾促請弗林特的學校晚一點關門，以因應在他的工廠工作的學童家長需求。在柯林頓政府時代，莫特基金會開始與美國教育部合作，爲二十一世紀社區學習中心（21st Century Community Learning Centers）的設立與營運研擬全國性政策、籌措資金與技術支援。今天，這個計畫透過各州撥發逾十億美元，推動學童學業與豐富生活內容等活動，尤其專注於低收入戶兒童。

二〇〇七年，任務小組發表了《學習的新日》（*A New Day for Learning*）報告。⑩我將它視爲一九九四年《時間囚徒》的比肩之作，記錄了各學校與社區爲學童創造更多且更好學習時間的進展情況，但也重申更快速進展的迫切需要。報告題目是一個雙關語，一方面提示現在可能實現的新學習方式，另一方面顯示這個新方式跟重新構思時間與課程安排之間的關聯。

我們宣稱：「美國兒童與青少年一天的時間構成不但過時，甚至早該被淘汰……簡單地說，除非根本改變我們對於學童應於何時、何地以及如何學習與發展的觀念，否則經濟與社會的持續穩定進步就將終止。」我們呼籲重新、徹底設計美國的學校，統一各自爲政的政策與資金流，以協助學童的教育與健康。我們的結論是，學校上課日的時間必須重新設計，以納入更多課後學習時間（包括暑假），還必須以高標準與真實的課程，善加運用科技、網際網路及社區經驗等等，進行不同方式的學習。

我們特別關注屬於貧困勞工或依賴社會福利的百分之四十家庭，以及總數一千四百萬、占全部兒童人數四分之一的「獨自在家」兒童，還有數百萬家中無力負擔中產家庭習以爲常的科學、藝術等課程的兒童。《學習的新日》報告以更廣泛的眼光看待未提供這些孩子更大、更安全的防護所要付出的社會成本，包括十萬名有案在身的青少年，還有數百萬將由學校中輟、長大後可能坐牢的青少年。我們引述了一項研究報告，其中提到，爲降低青少年犯罪，執法官員在雇用更多警察與擴大課後計畫二者間，以四比一的比例選擇後者。

我們也列舉成功案例，並呼籲據此制定政策、投入資金以擴大規模：

- 與普羅維登斯都會學院（Metropolitan Academy in Providence）同出一源的「大景」高中，有超過四十所堅持專題式學習與職場實習，造就畢業生有百分之八十一進入大學。
- 阿拉巴馬州鄉村各高中的PACERS組織的課程，所有參與其海洋牧場計畫的高中生全部通過全州性的科學考試。
- 西雅圖的雷尼爾學者計畫（Ranier Scholars）運用課後與暑假爲學生提供學業與擴充課程，一年增加了一百二十個學習日。該計畫是在升六年級之前的暑假選出六十個學生參與。二〇〇九年，第一批參與學生全部進入四年制大學或學院。
- 公民學校（Citizen Schools），最近才被歐巴馬總統譽爲模範，是一個全國性組織網，由各行各業履行積極公民責任的專業人士輔導兩千名來自三十所學校、出身低收入家庭的中學生，學生成就都因此提高了。

- 紐約市的哈林兒童園區，面積約六十街廓，由喬弗瑞・坎納達（Geoffrey Canada）主持，他的策略包括爲年輕母親開設育嬰課程、四歲幼兒的學前教育、健康照顧等等。園區並設有特許學校及安全遊戲場。
- 紐約皮克史基（Peekskill）學區，督學長及任務小組成員茱迪絲・強生（Judith Johnson）在延長教學計畫中強調「社區即課堂」的做法。學生在博物館擔任講解員，在社區健康中心當義工，均因此導致更好的考試成績及自我紀律要求。

二〇〇七年，在莫特基金會支持下，教育理想國製作了多部記錄片與網頁內容以重新思考學校上課日問題，並跟任務小組的報告同時公開。我們製作了一部總覽記錄片，與多部跟中學有關的影片：拉斯維加斯有多所高中延後早上上課時間，以便學生晚間到賭場打工；奧克蘭「大景」高中之一的 MetWest 學院，學生實習汽車工程，或在一所獸醫診所打工；設於芝加哥西班牙語裔社區的學前到十二年級「約翰史普萊社區學校」（John Spry Community School），爲紓解過於擁擠的問題，早上十一點才上課，並提供晚餐，而學生都欣然接受要在週末和暑假上課的學程，幾乎百分之百在三年內畢業。

史普萊社區學校也參與了「奇蹟」（MIRACLES）計畫。這個由德州創業家陶德・華格納（Todd Wagner）創辦的計畫在全美七個城市設立了二十個電腦實驗室。我參觀實驗室時，學生正在利用 Excel 程式來預測 M&M 巧克力在碗中的分布情況——一個有趣又可口的統計學思考習作。另外還有學生正在錄他們爲一段影片配製的音樂。

這些影片和相關內容都可在教育理想國網站的「學習的新日」網頁上看到。⑪

二〇〇九年我們推出「學習的新日第二章」，以回應使用者的要求，他們希望更深入了解這些課後學習計畫。而我們提供了四個傑出的學習計畫的影片片段、課程表、預算、課程計畫與科技計畫：

- 建築舊金山：學生在下午修習特殊設計與建築課程，並在建築師事務所工作。
- 自然地圖（Nature Mapping）：四年級學生運用衛星定位系統來觀察、監看與定位自然生物（例如華盛頓州的蜥蜴）。此計畫也訓練農民將他們的觀察輸入資料庫。
- 公民學校：專業人員在此學會用課後輔導中學生，例如 Google 的工程師教學生自動化工程。
- 普羅維登斯課後聯盟（Providence Afternoon Alliance）：一個很有企圖心的全市的學校合作案，提供藝術、科學等課程。

課後輔導孩子的計畫每年都有創新的做法。歐巴馬總統曾對全國學生宣布：「我們會讓你們知道科學有多酷！」課後企業（Afterschool Corporation，簡稱TASC）將這句話銘記在心，於二〇〇九至二〇一〇學年在紐約市開設一項科學課程：三年級學生製造一個望遠鏡，七年級學生則興味盎然地製作「毆不裂」（Oobleck）來觀察物質的狀態。

TASC有一個計畫要求在課程開始前與數個月後各畫一幅科學家的畫像。開始時學生的畫像多讓人聯想到一九五七年瑪格麗特・米德（Margaret Mead）做的一項研究，記錄高中生對科學家的狹隘印象，認爲他們是年老的白人男性，獨自在實驗室工作，有點瘋瘋顛顛。[12]我們在開發科學節目《3-2-1 Contact》時也引述了這項研究，而我們自己的研究也顯示這個刻板印象揮之不去。米德的研究超過半世紀之後，根據老師的說法，紐約兒童第一次的畫像也差不多，像個「瘋狂的老頭子」。但就在幾個月之後，他們的畫像變得可能較年輕、或是女性，以及更有變化，也就是與他們一樣各種不同的人。

TASC網站上有一個兩分鐘長的短片，說明了課後計畫創造「學習的新日」的情況。雖然這些活動發生在下午四點，但它們都是以探問爲基礎的科學，是學校內應該進行的。這個短片還說明了一點：由於許多學校仍然缺乏高素質的科學教師，受過良好訓練的課後教育者可以填補這個缺口。

如果你不懂「毆不裂」是什麼，可上TASC網站查一查。[13]它來自蘇斯博士（Dr.

Seuss）的一本書，而且它很黏。

夏天：第三個學期

暑假是一個重大的過時錯誤，它可以回溯到農業時代：以前的農家到了夏天，總是需要年輕人在家幫忙，以兩個P——planting（種植）、picking（採收）——取代三個R（譯註：指閱讀reading、寫作writing與算術arithmetic）。但是今天的學生需要全年收穫知識。秋天應是播下知識種子的季節，到隔年夏天則是收穫的季節：學生的心智已成長發展了一整年。

過去數年來，美國教育一個令人興奮的發展是暑期學習課程的成長。這些由學區合作案、非營利組織、大學等不同來源辦理的課程，爲學生提供了「第三學期」。這原本是只有富裕家庭才有能力付費提供給子女的。學童的「暑期退步」現象斑斑可考，各種不同背景的學童都在暑期流失數學技巧；在閱讀上，低收入背景學童退步的情況比富裕家庭的同學更嚴重。相對的，有更高教育與收入水準的中產家庭，家中的書本來就較多，也更重視孩子的閱讀能力，更常帶他們出去旅行，讓新的經驗引導新語言的能力。

二〇〇九年成立的非營利組織「全國暑期學習協會」（NSLA）前身是約翰霍普金斯大學於二〇〇一年設立的「暑期學習中心」，而該中心是由一個名叫「教育巴爾的摩」

的暑期家教計畫發展而成。NSLA對有意善加運用暑期的學區、州、大學與非營利組織提供策略設計等支援服務，包括如何建立合作案，如何執行及評估等等。它的網站提供大量資源，例如暑期重要性的有關研究、如何開始計畫的建議、好計畫的特徵，以及模範計畫的報導。網站上有可供下載的現場報告幻燈片，可用於向同校教員、父母、學校董事會提出說明。⑭NSLA也舉辦研討會，與議員合作，及提供專業發展訓練。

NSLA自二〇〇五年起舉辦「傑出暑期學習獎」，以表彰績優計畫。許多計畫爲學生提供了一學年的連結功能。到目前爲止，共有十九項計畫獲獎，⑮包括：

- 丹佛的「暑期學者」（Summer Scholars）：一個近二十所丹佛市小學參與的全年計畫，重點在識字能力，每年服務一千七百五十位低收入家庭學童。週間每日上課七點五個小時，共六週。早上的識字能力班有兩位老師、一位輔助性專業人員、父母志工及一位課堂助理，以進行更個人化的教導。英語學習更可獲得特殊協助。下午活動包括田野教學、參觀博物館、保齡球、溜冰、游泳及音樂等等。這個計畫有重要合夥人——丹佛公園暨休閒局（Denver Parks and Recreation）。另一個課後家教計畫則服務十二所學校的一千位學童。有一個家庭識字計畫全年服務十二所學校的一千位「暑期學者」，爲父母提供成人教育與英語教學，以及親子的閱讀時間。

- 華盛頓特區與北維吉尼亞的「更高成就」（Higher Achievement）：暑假期間針對五到八年級學生開設六週、每天八小時的密集班。另外，學年之中每週提供十五小時的學業強化輔導，於三個週間日的下午三點半到晚上八點進行，課程包括文學、數學、科學、外國語言以及舞蹈、打鼓等等。

學生成果的證據

根據一項研究，參加暑期學者計畫的百分之七十八的二年級學童與百分之八十二的三年級學童閱讀評量成績有進步。「更高成就」學生的成績顯示令人印象深刻的進步。學生開始參加這個計畫時，成績平均積點（GPA）是2.3（滿分是5），約等於D^+。四年之後他們要上高中時，GPA平均是3.8，約等於B^-。根據一項針對超過四百位學生的研究，華盛頓特區參加計畫學生的閱讀和數學成績平均進步了百分之二十，而學區內平均進步幅度只有百分之三。

● 舊金山的「瞄高」（Aim High）：私立及教會學校向來與公立學校互不相關。但部分獨立學校領袖對自身的使命有更高的眼光。「瞄高」是在李克威默丁高中（Lick-Wilmerding High School）孕育而成。這所學校二十三年來一直由見識深遠的艾爾・亞當斯（Al Adams）校長領導。瞄高計畫一開始是李克威默丁高中與舊金山公立學校的合作關係。獨立學校通常有實驗室、電腦、運動場、劇場等公立學校因投資不足而缺乏的優良設施，堅強的教師陣容也有興趣教導背景各有不同的學生。亞當斯和另一位教師領袖、現在擔任「瞄高」主任的艾力克・李（Alec Lee）都覺得，公立初中的學生可以因第三學期而受益，而公立高中學生則可因輔導低年級學生而得到寶貴經驗。李克威默丁高中是「公益私校」（PSPP）聯盟的創辦成員，其他成員學校包括奧克蘭的海德羅斯（Head Royce）、洛杉磯的十字路藝術與科學學校（Crossroads School for Arts and Sciences），以及現在以有總統校友而更知名的檀香山普納侯學校（Punahou School）。

「瞄高」一開始只有五十位學生和十二位老師，現在已成長到有十二個教學地點、一千位學生和三百位老師。它爲高中與大學生提供一個以教學爲職業的體驗機會。這是一個在進步校園環境中的「教學實驗室」，課程包括數學、科學與人文。瞄高計畫還留有探索個人與社會議題的時間，參觀博物館、看運動比賽及文化活動等均納為午後活動內容。九年級學生會花一週時間在國家公園參加住宅環境教育課程。

PUEO，檀香山的智慧貓頭鷹

受到「瞄高」的啓發，二〇〇五年，檀香山的公立學校也與同市的普納侯學校展開一項特別的合作，即「無限學習機會合夥」（PUEO）。在夏威夷語裡，PUEO是貓頭鷹的意思。參加計畫的初中學生叫作「貓頭鷹學者」（PUEO Scholars），三年中每年暑期在普納侯美麗的校園中修習科學、工程、多媒體及其他課程。

我在其中一個課堂注意到道格拉斯・江（Douglas Kiang），他是波士頓地區的教師，每年夏天都來檀香山，分享他對模擬飛行器的熱愛。學生們使用微軟的模擬飛行器（那是一個成人飛行迷愛用的電腦軟體），兩人一組，以一個模擬操縱桿練習飛機起降、最後駕駛飛機，自行設定飛行路線，穿梭於夏威夷各機場間。在另一個課堂裡，學生玩樂高機器人，設計並撰寫程式讓它們前進、後退、橫行或旋轉。有一次練習，他們把兩個相撲機器人放在圓圈裡，能把另一個機器人推出圈外的機器人就獲勝。

PUEO發現需求後，會設法滿足它。有一年夏天，PUEO籌措了資金，將向蘋果租用的筆記型電腦買下，讓貓頭鷹學者人手一台。二〇〇九至二〇一〇學年中，因預算被刪，檀香山的學校被迫在星期五關門時，PUEO採取行動，出錢讓學生轉移到基督教女青年會（YWCA）等社區活動中心持續上課。在創設四年後，這個計畫收到克萊倫斯秦基金會（Clarence T. C. Ching Foundation）三百萬美元捐款，繼續協助貓頭鷹學者的升大學之路。

這些計畫頗有一些共通之處。多數以初中生爲目標，認爲這是幫助學生成功升高中與大學的關鍵時期。一個學生要準備好升大學，高中常常已經太晚。許多人升上九年級時，閱讀與數學程度都落後超過三年。這些計畫強調教師素質與專業發展，它們將各領域的優秀教育者結合起來。

這些暑期計畫同時也認清，光一個暑假並不夠。它們要求學生與家長承諾多年的投入。有趣的是，許多計畫以「學者」稱呼參加的學生，這是一個改變教育詞彙的好例子。名稱與標籤有關係，而許多標籤有貶抑的意思，例如有困難的閱讀者、殘障學生、中輟生等等。這些計畫賦予學生有啓發力的標籤。你不止是學生，你是學者，而學者都至少讀到大學。

全國暑期學習協會執行董事隆・費柴德（Ron Fairchild）向我說：「暑期學習的領域正處於關鍵轉變期。我們有行得通、最好的全套做法與計畫。我們有責任善加運用，以爭取更多公共投資。它是一個所有學校和非營利組織都能擁抱的目標。」

走向新的學習年

我們能設想出一個新的體制，它鼓勵在標準的學校日與學年之外繼續學習，而且學生經常得到刺激，每天都想早一點上學、晚一點下課嗎？或許學區及社群夥伴有一天終能設想到，並投資於一個新的「學習年」，讓學生與老師能夠一整天學習，跨越週與月的界限，而且除了短天數放假外，沒有三個月的暑假。所有學生不在校的時間也都可以如富家子弟般，享受參觀博物館、拜訪圖書館、旅行及社區戶外教學等各種活動，以刺激學習。

如同在職場般，學生與家長將不受學校行事曆影響，每年自行排定三到四週假期。學校行事曆將更像實際生活中的日曆。本書第二章〈教學鋒面〉中提過，加州富勒頓學區前督學長卡麥隆・麥康（Cameron McCune）就主張這樣的行事曆。

學習如同生活，時間就是一切。學校改善運用時間的方式已刻不容緩。改善 K-12 學生關鍵的十三年學習時間的安排，更有全國一致的迫切性。

場域學習：學校生活等於實際生活

當學校由現行行事曆中獲得解放後，學生與老師將得以追求更眞實的學習型態。在六個鋒面中，「學校生活等於實際生活」是最簡潔的。時空鋒面認同「場域學習」運動，主張除課堂外，許多地方都可以學習。在預算刪減下，田野活動已日漸稀有，不過若在以社群爲基礎的學校所成就的教育國裡，學校走向社群，社群也來到學校。

「場域學習」和它的雙胞觀念「專題式學習」要求學生到許多地點搜集第一手資訊，並請教地方上的專家。我在本書中一再舉例，包括醫院或公司見習，以及緬因州學生以筆記型電腦分析湖泊水質。學生被帶到現場後就能理解如何將課堂所學應用於眞實生活。他們有機會認識、體會財務分析師、建築師、農民或公園警察等各行各業的角色模範。

安排學生持續接觸這些人與地，對於如何安排他們的學習時間也有重要影響。交通費用與年輕學生校外行動的後勤工作可能成爲場域學習的障礙，但有這種經驗的教育工作者都證實這項投資的重大報酬。在本節中，我會先介紹學校內不同「學習地點」的場域學習，而它們當然無需交通費。

每一個社群都有許多地方可以在眞實脈絡中學習科學、歷史或藝術，例如博物館、公園、歷史遺址、大學與劇場。新型態的合作教育關係更可以讓學生在這些地點花費更多時間。有些社群有更進一步的做法，乾脆把學校建在博物館、動物園或開放空間裡面或附近。過去十年新建或改裝學校是一門大生意，光是過去五年動用的總經費就接近一千億美元。在國家持續興建學校之際，「動物園學校」或「博物館學校」爲我們思考何時、何地與如何學習，提供了新的指引。

場域學習可以幫助對抗兒童營養不良、缺乏運動、科技成癮等全國流行問題。儘管科技大幅進步，社會變化也在加速，兒童一天還是只有二十四小時。兒童除了健康成長與強力學習，也需要花許多時間與家人、朋友及同學相處，在學校內外、在自然環境中或建築物內從事體力或心智活動。對於都會兒童（這是大多數）而言，置身自然環境越來越難。

理查・洛夫（Richard Louv）寫過一本很有說服力的書《失去山林的孩子：拯救「大自然缺失症」兒童》（*Last Child In the Woods: Saving Our Children from Nature-Deficit Disorder*）。他說，減少了自然保留區、體育教育及田野旅行，「我們的社會教導孩子們迴避自然的直接接觸」。他也感嘆電子媒體在兒童生活中占據越來越多時間。他甚至指責都市計畫相關法條禁止搭建樹屋的規定。洛夫說他相信「補足這種缺乏，癒合兒童與自然間的斷裂，符合我們本身的利益……因爲我們的生理、心理與精神健康都有賴於此」。⑯

洛夫認爲，注意力缺乏過動症候群（ＡＤＨＤ）可能是大自然缺失症的一種。在講課講個不停的課堂中無法集中精神的學生，一碰到動植物或必須親手做的活動立刻生龍活虎。洛夫說：「大自然的立得寧（Nature's Ritalin，譯註：立得寧是醫界廣泛使用的治療兒童過動症藥物）能恢復兒童的生理與心理，無需藥物。」

儘管洛夫不承認科技能協助兒童了解自然，但我同意他的主要論點：兒童需要花更多時間接觸自然。附帶條件是，他們要帶著數位工具，隨時記錄所接觸的資訊，爲動、植物拍照。哈佛心理學家霍華德・嘉納也相信將兒童放到自然中的價值，並在他原本列的七種智能清單（語意、邏輯數理、空間、身體協調、音樂、人際、內省）中增列「自然智能」（naturalist intelligence）。

現代社會更需要具高度「自然智商」（NQ）的學生。培育學生的NQ也是通往培育其他智能的捷徑。它是學生理解氣候變化，並爲未來需求將大增的「綠色就業」做好準備的加速車道。

多年以前，舊金山一位教育工作者告訴我一個驚人事實：在這個瀕太平洋的四十九平方英里城市裡，竟有兒童從未見過太平洋。我後來持續聽說這樣的事。許多老師跟我說，一些高中生從不曾用手挖過泥土，也從未種過一棵植物。許多兒童的生活範圍如此狹窄，周遭大人從不曾帶他們見識外面更大的世界，在在令人不安。

我的成長背景也有類似的界限。距我童年芝加哥南區住家僅一段單車車程之外，是一八八〇年代喬治・浦爾曼（George Pullman）打造鐵路臥車的工廠，以及他爲工人興建的模範小鎮，都很有歷史價值。一九六〇年代我常騎單車到這個浦爾曼區附近的一個少棒球場，卻對它毫無所悉。現在，浦爾曼區是我最喜歡去的地方之一。居民仍然住在他建的房子裡。它是一段活生生的歷史，連結一個工業成長的過去。

把孩子放到自然中最好的選擇就是他們已經在的地方——學校。而我所知最好的計畫是學校的花園。

學校花園：喚醒學生的自然智能

柏克萊，加州

一九九三年，加州教育局長蒂蘭・易斯汀（Delaine Eastin）發動「每校一花園運動」（Garden in Every School Initiative）。州政府爲園藝及施肥計畫提供免費諮詢與小額補助，並在一本刊物「兒童花園標準」（A Child's Garden of Standards）中將之列爲全州標準。

一九九五年，全加州八千所學校中約有一千所開闢了花園。到了二〇〇三年，學校花園計畫已成長到九千一百所學校中的三千所，多數是小學。我家對街的小學就有花園。學生回收一座小小溫室溢流的雨水，在花園中栽種萵苣和甘藍。花園中甚至有一個雞舍，讓學生「幫」雞生蛋。這個不對任何人設防的花園，證明一個反直覺的事實：花園不上鎖，破壞反而更少，社區共同擁有感更強。

最好的花園是由栽種與收穫進步到烹煮與食用。二〇〇四年，教育理想國首次發表有關學校花園的影片與文章：主廚艾麗絲・華特斯（Alice Waters）的「可食校園」（Edible Schoolyard）。這個十年前在柏克萊的馬丁・路德・金恩初中（Martin Luther King Jr. Middle School）開創的學校花園，是最早也最知名的學校花園計畫之一。[17] 華特斯創造了她所謂的「從種子到餐桌完全經驗」。課程牽涉了各種學科主題，包括堆肥與水循環的科學、菜單的數學以及飲食的文化意義。學生運用他們的雙手、身體與心智，動用了所有的智能與感官。他們同時也生活得更健康。

如同生態知識中心（Center for Ecoliteracy）創辦人凱普拉（Fritjof Capra）在記錄片中所言：「數學、科學或語文好的孩子，園藝不一定好。口才不好但手很靈巧的人在花園裡一定很高興，並因此在班上得到尊敬。」

這部影片在我的「最佳教育理想國」收藏裡有特殊的地位，它顯示了兒童專注表現時臉上的形貌，以及他們忙著在廚房裡與花園中工作時的敏捷、開放與活力。老師問海克特（Hector）爲何必須翻動堆肥時，他回答：「這樣子眞菌、細菌與昆蟲才可以呼吸。」他又補了一句：「我們學會了堆肥的循環。起先它變成葉子，然後慢慢變乾，再變成像土壤一樣的東西，最後眞的變成土壤。你用它來種東西，然後重新來過一次。」談話間他顯露了掌握這個緩慢但關鍵的土壤變化的自信與興趣。當影片中學生們用自己種的一個大南瓜做派，你幾乎可以聞到烤箱中傳來的香味。

華特斯簡單明瞭地說明：「孩子們沉迷在這個經驗裡。他們觀察、嗅聞和品嘗。他們並不感覺這是學校，但我們知道他們學到東西了……他們都知道如何擺設餐具，如何邀請別人一起坐下來吃，以及用餐禮儀。他們學到專注與慷慨的價值。這是一個可口的革命……不難做到。既然是自己種的，他們就想煮來吃。孩子喜歡吃的東西還眞多呢。」

身兼廚師與教師的艾麗絲・庫克（Alice Cook）也說：「我們有這樣的計畫教導學生一些以前都是在自己家裡學到的基本事務，這幾乎是時代的一個徵兆……不知道食物從哪來、它們種在哪，是非常危險的事……他們得目睹整個過程，不止看，而是親力使它眞正發生。」

二〇〇七年教育理想國開始接受使用者貼文評論。在我們發表第一個故事四年後，馬塞爾・柯克利（Marcelle Coakley）貼出下面的文章，標題是「我們澳洲內陸的小花園」。這個例子完美地顯示網路 2.0 如何讓全世界的教育工作者分享他們的故事：

> 我是艾麗絲・華特斯的忠誠擁護者……我們九個月前才開闢了花園，設置了二十個架高的苗圃……我對這個花園的存在以及它對我們小小社區的影響萬分驕傲。最近的城市也離我們的社區一千五百公里……我們的烹飪計畫成為整個社區的話題……我們社區的犯罪率下降。由於社區居民，尤其是原住民，大多營養不良，孩子們經常闖入民宅偷食物和零錢……我們將為社區打造一個花園……讓老人來看他們的兒孫，講故事給所有人聽……謝謝你們讓我得以一瞥你們做的奇妙事情。你們做的事啓發了許多人，未來將持續如此。

另一個激勵人心的學校花園案例是加州里契蒙的維爾第花園（Verde Garden）。這裡的人口使用多種語言，有亞洲的移民父母貢獻他們的農事本領。記錄這個計畫的得獎影片是由黛柏拉・克萊格（Deborah Craig）拍攝，作爲她舊金山加州州立大學碩士計畫內容。[18]

二〇〇九年加州柏克萊的生態知識中心發行了一本奇妙的書《天生聰明》（*Smart by Nature*），它的副標是「永續教學」，[19]敘述如何綠化學校，介紹學校花園、沙拉吧與永續建築的範例，以及環境課程與計畫。例如奧克蘭的海德羅斯學校便訂立了四個重點：⑴創造一個健康環境，⑵以永續方式使用能源，⑶開發一項教育計畫，⑷追求營養健康。它的目標是打造「綠色畢業生」。

透過在花園工作，栽培花草植物與水果蔬菜，學童懂了一個跟他們自己成長發展有關的隱喻。每個孩子的基因裡都有成長的種子。他們出生後，就是能學習的有機體。如同肯・羅賓森爵士描述的死谷，把這些種子栽培成開花的花園需要適當的條件與持續的注意。

那些在政府大樓裡對兒童發育成長問題——過胖、飲食習慣不良、脫離自然及缺乏科學興趣——扼腕的人，不必再往遠處看。答案就在這裡，就在海克特的堆肥和羅德尼・泰勒（Rodney Taylor）的沙拉吧裡。

沙拉吧人的故事（來自《天生聰明》）

故事要從聖塔蒙尼加馬里布（Santa Monica-Malibu）學區膳食主任泰勒與學生家長巴勃・高特里布（Bob Gottlieb）一九九七年的對話講起。高特里布剛好是西方學院（Occidental College）的環境政策教授。他注意到女兒不肯吃學校沙拉吧的枯萎萵苣和罐頭水果，因而請泰勒改向當地農夫市場採購新鮮食材。

泰勒說：「我以爲他不過是有錢有閒的父親……」他後來勉強答應在一個暑期安親班中試辦兩週。他回憶：「我一向知道四歲的孩子不會吃這種食物。但第一天我到了現場，看到孩子們從吧檯上抓食物吃，從此就改變主意了。第二天我甚至不必再回去看。」

沙拉吧變成場域學習的觸媒轉化器，學生創造了學校花園，開始栽種自己的食物，又繼續到農莊及農夫市場做田野活動。廚師也來到課堂討論健康食物。五年後泰勒調到不如聖塔蒙尼加馬里布富裕的加州河邊學區，他在那裡的表現證明他作爲教育創業家的能力，將一項創新帶到一個更大、更持懷疑態度的社區：

當我準備在所有小學設立沙拉吧，知道其中困難的人都嘲笑我：「這裡不是聖塔蒙尼加馬里布。」但我知道沙拉吧能激起興奮，一旦上路，就會自動前進。學校管理人員開始互相討論，認為它未如原先想像的一團混亂。先是一位校長這麼說，接著第二位、第三位。於是所有校長開始爭先恐後爭取設立沙拉吧。

泰勒爲賺取額外收入，開始爲其他二十個團體提供送餐或沙拉吧服務，對象包括地方企業、私立學校以及給行動不便者的到府服務。

如果你問我沙拉吧的收入夠抵支出嗎？我不知道夠不夠。但那不是我的目的。我的目的是打動你的孩子，教他當個健康飲食者……我跟員工說，我們不僅提供食物，還提供愛。我喜歡把沙拉吧想成我對孩子所表達的愛。沒有一件事比得上走進一個社區店家時有人說：「我認識你，你就是那個沙拉吧人。」

社區中的場域學習

場域學習必須與廣泛的社區性夥件合作。這些夥件必須能夠提供眞實世界的經驗給學生。它們包括科學中心、藝術或歷史博物館、動物園與水族館、地方或國家公園，以及大學、企業和醫療機構等等。這些夥件有很多專業人員，能提供現代科學或歷史研究工具，例如連結筆記型電腦的溫度探測，全球衛星定位及地理資訊系統以追蹤物種，數位相機與顯微鏡，以及分析資料用的統計軟體。

美國有許多州或聯邦機構、科學團體及非營利組織提供課程計畫、專業發展來支援場域學習。兩個權威組織的網站列舉了這些資源：美國環境保護署與北美環境教育協會。場域教育評量合作組織（Place-Based Education Evaluation Collaborative）從事環境教育評量研究並提出報告。其中最好也最受歡迎的網站是GLOBE（全球學習與觀察以支援環境）計畫，它獲得美國航太總署及國家科學基金會等機構支持，有遍布全球的老師、學生、科學家等研究大氣、水質、土壤及地方動、植物。⑳

許多老師爲學生建立與自然的連結，培養他們對居住地生態環境更鮮明的認識，並關切區域性或全球性環境議題。教育理想國拍攝許多這類啓發人心的故事，其中我最喜歡的影片包括：

- 北向之旅（Journey North）：安南柏基金會（The Annenberg Foundation）與公共廣播公司（CPB）的一項合作案，讓學生追蹤帝王蝴蝶由加拿大飛向墨西哥的兩千五百英里遷徙之旅，並將他們的觀察上傳到網路資料庫。法蘭西絲・昆茨（Frances Koontz）老師的馬里蘭州三年級學生會計算由卵到毛毛蟲、蛹、最後羽化成蝴蝶的時間，研究蟲蛹食用的乳草與鬱金香，跟墨西哥學生交換藝品禮物。有一個女孩看到蟲蛹羽化成蝴蝶，她臉上的表情無價。
- 路易斯安那州的溼地守望者（Wetland Watchers）計畫：由巴瑞・桂洛特（Barry Guillot）老師指導。他的學生在附近的勒布朗許溼地從事服務學習，種樹防止土壤侵蝕，監控排泄物中的大腸菌數，後者是當地漁業經濟的威脅。他們有能力爲聯邦緊急事故管理總署（FEMA）上一兩堂課：在卡崔娜颶風之前，他們在紐奧良市區一個建物陽台上展開一面旗幟，以標示市區在堤防潰決後將被洪水淹沒的高度。
- 環境研究學校（SES）：位於明尼蘇達州蘋果谷（Apple Valley），亦名動物園學校（Zoo School），該校高中生研究公園的原生與入侵物種，監控池塘水中溶氧濃度，並在相鄰的明尼蘇達動物園中與管理員及科學家一起工作。由布魯斯・吉克（Bruce Jilk）設計的學校建築採用可重複使用的建材，外露鋼梁與管線，建築本身就是研究的對象。它的「教室」是很大的彈性會議空間，可視研討會、說明會及講課之需要來重新組合。[21]

學校作爲學習之處：位置與設計

面對設立新學校的機會，越來越多社區選擇像蘋果谷一樣的做法，將新學校設於或鄰近動物園、博物館、醫學中心、購物中心，甚至路易斯安那超級巨蛋。有時建築經費由這些組織與學區分擔。在曼哈頓，博物館學校（Museum School）讓高中生將紐約市的世界級博物館當成教室。

在密西根的迪爾伯恩（Dearborn），亨利福特學院（Henry Ford Academy）就設在面積十二英畝的亨利福特博物館園區內，學生能步行到綠野村（Greenfield Village），那裡有福特收藏的八十二棟歷史建物，包括愛迪生的實驗室、萊特兄弟的單車店。學生將博物館的收藏及這些歷史建物當成教材，研究農莊的運作模式、早期汽車的工程設計等問題。學院採用九十分鐘的塊狀課堂，以便學生進行更深入的計畫研究。[22]

作爲學生花費最多學習時間的處所，學校可以重新改造。我們多數人上過課的教室設計很像工廠的生產線，在一條輸送帶的兩側，工人重複同樣的工作。從空間的設計到其中工作者的角色，工廠的隱喻對二十世紀學校建築有強烈影響，至今亦然。

建築師史蒂芬・賓格勒（Steven Bingler）設計了亨利福特學院，他是協助社區創意設想如何興建學校的領導者。一篇介紹亨利福特學院的文章及另一篇賓格勒本人寫的文章都收藏在教育理想國網站中，還有其他知名學校建築師的評論。[23] 賓格勒、吉克、安・泰樂（Anne Taylor）、普拉卡許・內爾（Prakash Nair）和蘭迪・費爾定（Randy Fielding）等優秀建築師都是重新設計學校建物風潮的重要推手。這些新的學校建物納入會議空間、舒適桌椅、無線寬頻與自然光。套用泰樂的話，它們是「會教學的建築」，因爲學生可在其中研究這些學習處所的設計、建築及能源使用。

類似「動物園學校」的建築也成爲學生新的、現代的認同象徵。學生把私人物品放在置物櫃中，在不同教室各占一個座位的情況，將不再出現。類似辦公室小隔間的工作站取而代之，成爲學生的基地。未與團體舉行會議時，學生可以在這個配置了電腦與網路連線的基地中忙自己的計畫。就如企業的員工，他們也可以用照片及心愛物品等在隔間營造個人專屬的感覺。

新建與重新裝修學校不只是學校硬體的改造，更是重新設計其中將發生何種學習的重要機會。如同邱吉爾說過的：「起先是人造房子，然後是房子造人。」

國家公園：協助學生了解國家認同

透過學校與其他學習發生地點的合作關係，學生與自己的社群建立了有意義且深刻的關聯。學校生活確實變得接近眞實生活。

在各種各樣的學習發生地之外，我還要加上國家公園。教育國的必要條件之一，是有了解自身歷史與價值的公民。美國有三百九十一個國家公園，從珍珠港與夏威夷火山國家公園，到緬因州的阿卡迪亞國家公園，都在協助學生了解國家認同。每一年，許多學生與老師都受益於國家公園之旅，包括親身前往與在網路上。當網路持續演化，更豐富的多媒體遊歷也將成爲可能。

電影製作人坎・勃恩斯（Ken Burns）借用作家華理士・史泰格納（Wallace Stegner）的一句話，作爲他二〇〇九年系列作品的副標：「國家公園：美國最好的觀念」（The National Parks: America's Best Idea）。美國國家公園的歷史就是看入美國歷史的透鏡，勃恩斯的系列爲此做了最好的說明。相對於君主與帝王的封邑、宮殿，這些由國會創造的國家公園是眞正的美國體制，保存了最珍貴的土地與地點，供所有美國人享受、學習與啓發。

作爲舊金山的居民，我有幸就住在國家公園裡。金門國家公園涵蓋了穆爾森林、阿卡特茲島（或稱惡魔島），以及曾爲陸軍基地的普西迪等地標。普西迪有舊金山最古老的建築，是一七七六年由西班牙探險家所建的住宿之地。我曾經擔任金門國家公園保育協會的受託人。在吸引國民參與，進行復育、整修與教育計畫，並募資從事以上工作等方面，該協會在各國家公園中是一個領導者。

教育下一代成爲這些公用財產守護者已成爲中心焦點。舉例來說，普西迪的環境教育組織「克里西活動中心」（Crissy Field Center），爲灣區青年提供全年性的計畫，包括青年環境領袖計畫。我最近一次參觀時，看到青年學生在實驗室中以 Google Earth 計算智利的葡萄和藍莓要經過多少里程才到他們家餐桌。

金門公園也與學校及學區合作，運用公園經驗與資源開設教師發展計畫，並規畫課程來說它的故事：比如，在國家公園服務處尚未設立前，一度由非洲裔美國人擔任「水牛士兵」（Buffalo Soldiers），從事公園巡守工作。金門公園也招募中學生培植原生植物及復育生態環境。

國家公園中的場域學習

二〇〇八至二〇〇九年期間，我有幸參與國家公園第二世紀委員會（National Park Second Century Commission），與退休大法官珊德拉・黛・歐康納、前國家科學基金會主席芮塔・柯威爾（Rita Colwell）、美國地理學會會長約翰・法伊（John Fahey）等多位傑出人士共事。在國家公園保育協會安排下，委員會研究了美國國家公園第一個世紀的歷史與進展，並擬出二〇一六年起下一世紀的建議。委員之一的普林斯頓大學歷史學家、南北戰爭專家詹姆斯・麥佛遜（James McPherson）爲在國家公園中進行場域學習提出堅強的理論：「你可以讀遍數百萬字的南北戰爭歷史，但唯有眞正站在當時的戰場上，你才會眞正開始了解。」

在我們於蓋茨堡、黃石公園、大煙山、聖塔蒙尼加山與麻州羅艾爾等國家公園舉行的多次會議中，許多學生、老師、科學家、歷史學家及教育學教授當面告訴我們，國家公園如何協助學生投入了解我們國家最重要的地方。他們提到都會年輕人在公園裡整個活了起來，發現新的興趣與未來志業。學生經常將他們在國家公園得到的經驗，透過舉辦減少污染、採取健康生活等活動，傳達給自己的社區。這些教育性活動包括：

- 透過學生保育協會（Student Conservation Association）等團體進行服務學習。學生保育協會由大學、高中徵召四千名學生志工，分發到兩百五十個國家公園從事保育服務，總時數超過兩百萬小時，項目包括在德頓山脈追蹤灰熊、復育沙漠生態環境、棲地與興建步道等等。

- 自然橋（NatureBridge），一個必須住宿的計畫，來自舊金山與西雅圖地區的四萬名學生在優勝美地、馬林陸岬與奧林匹克國家公園內，進行科學、環境調查研究，認識原生植物、地質與生態系統。許多學生都是生平第一次在自然環境中過夜。
- 宋嘉斯工業歷史中心（Tsongas Industrial History Center），老師與學生參觀波士頓南方三十英里處的羅艾爾國家公園，可到此參觀工業革命時代麥瑞麥克河（Merrimack River）兩岸生產棉布的磨坊，了解十九世紀中期羅艾爾成爲美國最大工業中心的歷史。
- 在卡布瑞尤國家紀念園區（Cabrillo National Monument）內的現場視訊會議。這是國家公園服務處與加州地中海研究學習中心（California Mediterranean Research Learning Center）的合作案。透過視訊會議，來自全國的學生觀看配有水底攝影機的「黃色潛艇」（Yellow Submarine）如何協助科學家研究低潮時的水窪。
- 在布魯克林學院（Brooklyn College）主修教育的學生把涵蓋自由女神像和艾麗斯島的蓋特韋國家休閒園區（Gateway National Recreation Area）當成教室，學會將其資源融入自己的教學內容中。

教育理想國網站已發行若干與國家公園中的教育有關的影片和故事，其中一個文章與影片介紹麻州馬頓（Malden）學區的費瑞威學校（Ferryway School）將附近的索古斯鐵工廠歷史遺址（Saugus Iron Works National Historic Site）納爲專題式學習內容，包括這個全國最老鐵工廠的歷史，以及工作水車的設計。㉔那網頁還包含介紹這所學校運用科技的方式的有趣文章，以及亞利桑那州立大學教育系學生在此教授科學與歷史的整合課程。教育理想國還介紹了高中生如何從克里西活動中心的教室窗外看到二〇〇八年十一月漏油事件在金門大橋下造成的後果。他們用鴨羽實驗，立刻得知油、水混合液體對鳥類浮力與飛行能力的影響。㉕

我們委員會建議在未來數十年提高國家公園的教育任務：「國家公園在這個（教育）任務中扮演獨特角色，所提供的場域學習能促進環境永續，鼓勵能促進健康的終身體力活動與欣賞自然，並刺激學生思考與討論公民生活核心的民主議題。」我們建議國家公園服務處及其合作夥伴掌握最新、最尖端科技與媒體，以利公園學習。每個教室都應該能跟公園巡守員、自然與文化資源工作人員像打電話般輕易舉行視訊會議。㉖

委員會的報告《促進國家公園觀念》（*Advancing the National Park Idea*）收錄在國家公園保育協會網站（http://www.npca.org/commission）。希望國家公園扮演更重要角色，協助學生了解國家的獨特歷史、科學、地理及文化。

在本章中，我們看到教育的時間與空間議題如何交會，賦予學生更多時間，在各種不同環境中有更具建設性、更眞實的學習。下一章主題是第五鋒面（合作教學鋒面），我將討論一群成人可以共同合作，教育與支持學生在這些環境中學習。

5 合作教學鋒面

——教師、專家與家長共爲教育者

每當看到學童歡笑、享受學習，我就熱淚盈眶。無論文化背景如何，他們都能受益於OMA（Opening Minds Through the Arts，以藝術開啓心智）計畫，學業進步，這真令人興奮。

——喬伊絲・狄倫（Joyce Dillon），柯貝特小學（Corbett Elementary School）校長

所有前面各章談過的鋒面都有賴「人」這個因素：教育工作者對自己角色的不同思考能力（第一鋒面）；重新設計並執行課綱與評量（第二鋒面）；運用科技（第三鋒面）；改變時間與地點可以改善學習（第四鋒面）。在組織中散播創新，無論在企業或學校，人是首要資源。

轉變通常對準教師。是的，教育事業中最重要的是教師，不是課程或科技。高素質

的老師是學生成功的關鍵。但儘管我們稱頌老師教學生的功勞，老師的待遇卻不如他們的價值，所獲得的工作環境、支援人力與專業發展訓練也十分不足。

本書提到的各個課堂中的學生都很幸運，他們的老師都能代表新的教學鋒面，也力行我所描述的教學方式。他們來自不同教學背景，有些資歷超過三十年，也有僅數年經驗的。有些出自傳統的教師證照管道，也有的出自替代途徑如「教育美國」（Teach for America）。爲提供學生高品質的二十一世紀教育，他們都有「不計一切代價」的熱情。

老師也是時間囚徒

在討論如何提供更多如本章所描述的老師時，有幾點經常被提到。第一點是，現行教育體制讓老師根本沒有時間學習及採行二十一世紀才有可能的新教學方法。學校預算全面刪減，專業發展常常最先被砍。學生人數占全國八分之一的加州正面臨有史以來最嚴重的預算危機。在我住的舊金山，除了過去十年已刪減的之外，聯合學區更新宣布刪減一億一千三百萬美元預算，這將導致裁減教職員人數，增加每班學生人數。

一個學區通常一年挪出幾天進行全區的教師專業發展訓練，但顯然不足以構成眞正學習。這幾天的活動內容也經常與改進教學毫無關係。每年都有漫長的暑假，本可用來專注於教師發展，但學校預算和工會契約都不容許，比如說一個月的教師在職訓練。許多有進取心的老師參加暑期學校或研討會接受專業訓練，但都得自掏腰包。統治學校行事曆和學生的「時間暴君」，同樣局限了老師的學習時間。

本章的討論也將集中於老師的準備工作，以及師範學校在協助老師備妥以新方式教學上所扮演的角色。這當然很重要：確保訓練中的師範學生熱切、熟悉科技，並受過二十一世紀課程、教學與評量的訓練。這種早期投資將節省未來再訓練的成本。但鐵一般的事實是，在創造二十一世紀國家所需的教學人力上，學校也如同學區遇到障礙。

就像老師在社會中的地位，師範教育在大學中的地位，也反映了對學校與老師投資不足的歷史現象。在美國一千兩百所師範學校中，只有三分之二獲得認證，有四百所無認證。這個統計數字常常嚇到師範教育這一行以外的人。未來想從事醫學、法律、建築或企業的學生將對未經認證的大學課程裹足不前。但這種現象卻被師範教育容忍。

想一想這個故事。一個教第一年書的女老師想到改善自己三年級學生閱讀能力的辦法，要他們寫下自己的故事並表演出來。她興奮地衝去找自己的教授告知這個結果。這位資深教授兼學者後靠椅背，吸一口菸斗後說：「嗯，好！這可能在實踐上行得通，但理論上說得通嗎？」一位學區督學長告訴我：「新的師範畢業生讀了一大堆理論，卻沒人教他們如何教三年級學生閱讀。」

再清楚不過的是：沒有一流的師範系統，就不可能有一流的教育系統。美國的問題要回到起頭：老師的來源。教育表現最佳的國家都是從學生中挑最好的當老師。在新加坡，老師來自高中畢業生成績前百分之二十的；在南韓則是前百分之五的大學畢業生。①新美國勞工技能委員會（New Commission on the Skills of the American Workforce）報告指出，美國多數師範生的成績落在最後三分之一大學生中。②

當然，現有一千兩百所師範學校也有許多好事。二〇〇八年，盧卡斯基金會與華盛頓大學的派翠西亞・衛斯理（Patricia Wasley）一起主持了一次會議，與會者包括各師範學院院長與教職員，來自密西根州、紐約大學、史丹福大學等等。「教育美國」也指派代表參加，這個組織滿足一個重要需求，尤其在招募師資不易的各都市中心區域的學校。此次會議的目的在腦力激盪出建立在數位課程、工具與學生基礎上的二十一世紀師範教育模式。

教育理想國曾經專題介紹了許多傑出的師範校院與其他取得教師證照的途徑，包括維吉尼亞大學的庫里教育學院（Curry School of Education），德州大學的UTeach培育科學與數學老師，紐約市的銀行街師範學院（Bank Street College of Education）的研究生計畫，波士頓的駐在老師（Teacher Residence）是一項爲時十三個月的碩士學位訓練計畫，加州聖克魯斯的新教師中心（New Teacher Center）爲第一年教師提供關鍵輔導。③

直到這些教師養成計畫中部分系統性問題解決前，它們大規模發展的腳步將十分緩慢。本章我將討論另一個前進的途徑，它牽涉到教師的新角色，無論已在職或仍在養成中，且他們今天即可落實。本書提到的部分學校目前已在執行「合作教學鋒面」。它將教師置於更合作性的位置，透過合作計畫與其他來源的教育工作者合作，包括課後輔導者、父母及許多其他專業人員，以創新的方式將其他學習鋒面帶給學生。

就像其他行業都已改爲團隊方式工作，教師也可組成自己的「教學團隊」，每個成員貢獻自己的專長。彼此合作的教師將打破每人各自在課堂中辛苦工作的孤立。

用歌劇教學生閱讀

如同第一鋒面由「非彼即此」模式轉變爲「二者均爲」模式，教育創新的關鍵之一是在兩個顯然不相關的觀念之間建立連結。不論將聲音基礎教學法隔離於兒童文學之外，或將藝術與核心課程分開，這種「非彼即此」的思考方式都阻礙進步。

要打破這些藩籬，我們必須以想像力來看清兒童如何用我們忽略或拒斥的方式學習。最讓我發怒的是聽到教育工作者認爲部分題材，不論物理、中文或莎士比亞，對某些學生太艱難或太早。眞正的問題不在題材，而在教學的方法。如同哈佛心理學家傑若米・布魯納（Jerome Bruner）所說：「任何題材都可以某種心智誠實的方式有效教導給任何發展階段的孩子。」

以歌劇教導小學生閱讀可能讓大部分人難以置信，以歌劇演員組成教學團隊似乎也不太可能成功。理由之一是：「歌劇會不會太難了？」它不是都以外國話唱的嗎？它怎麼可能幫助學生學習閱讀與寫作英文？大多數教育工作者甚至決策者都會對這個點子嗤之以鼻。但我打賭可以在八分四十四秒內改變他們的看法。

以藝術打開心智

土桑市，亞利桑那州

這是另一個很難以文字形容的教育創新案例。請觀賞教育理想國的一部影片，拍攝亞利桑那州土桑市「以藝術打開心智」計畫（OMA）。④你會看到歌劇歌手、市立交響樂團音樂家及亞利桑那大學與學生、老師密切合作，爲幼稚園到八年級學生打造了一個內容豐富的語文學習環境。這個影片故事透露，通往流利讀寫能力的道路並非是單單盯著教科書頁面和練習發音的直線，還必須蜿蜒曲折地透過運動、口語及音樂經驗，爲教科書頁面賦予意義。尤其必須讓學生覺得有趣與享受，燃起學習的興趣。

在爲期一個月，每週兩次的課程中，OMA樂手與老師們一起帶著學生聆聽表達性、說明性的語言，並以身體表達出各種感覺、概念（例如以四肢形成的三角形），並自行創作歌劇。在目睹一位表演者的面部表情和姿勢的身體語言後，一位一年級學生學會運用 thrilled（興奮）與 exuberant（豐沛）等詞彙形容那個角色的感覺。大多數閱讀課程都認爲這些詞超過學生的理解範圍，而排除在外。二年級學生先聽一位歌手以高低不同的聲調唱歌，再聽豎笛忽高忽低的演奏，接著看兩個大人和兩個小孩排成一排但不停換位置，一名學生就記下筆記：「高與低型態。」他們同時運用自己的心智與身體在學習。

OMA主任喬安・艾希克萊芙特（Joan Ashcraft）說明了藝術教育者已行之多年的做法：在學童發育的關鍵階段，藝術——尤其音樂與歌劇——是刺激他們運用大腦的重要經驗。腦神經科學的研究發現，四到十二歲是連結左、右腦半球的胼胝體的發育階段。根據這項研究而設計的OMA課程，以屬於右腦活動的音樂，支持屬於左腦活動的口語練習，顯示學童因此課程刺激了整個大腦而充分獲益。

柯貝特小學有百分之二十學生是英語學習者。OMA給他們一種非常有趣，但大多教育工作都會覺得困惑的教學方法：以第三種語言教學，好讓以英語爲母語的學生與學英語的學生都站在同一個語言學水平。在影片中你可以看到學生以德語唱歌，並解釋爲何這麼有用。

目前已實施十年的OMA，開始時只有三所小學，現在土桑市已有四十二所學校的一萬九千名學生參加。它也開設專業發展課程與參訪學校計畫，並發行刊物，以協助其他教育工作者採用他們的做法。由WestEd做的研究顯示，研究對象的六所OMA學校雖都有學英語的學生比例高、家庭收入低、學生流動率高等特徵，但無論閱讀、寫作與數學的表現都比其他非OMA學校好。西班牙語系學生尤其在寫作上有很大進步。不令人意外，OMA老師在教學計畫上的表現也超過其他老師，他們採用的教學活動也更多元。

OMA獲得當地企業家金．瓊斯（Gene Jones）的大力支持，他十年前開始捐款時已高齡八十四歲，顯示捐款給公立學校永不嫌晚。影片中一位學生夏安（Cheyenne）說的最好：「我們學會了許多跟歌劇有關的事，比如說弦外之音，以及它如何運用語句。你非得多用想像力不可。這眞是一個很好的學習方法。因爲通常你學的時候都只是讀課本，但當你用演的時候，而且必須開口談論，那眞能幫你學得更好。」

如果羅希尼（譯註：義大利歌劇家，全名 Gioachino Antonio Rossini）不是你的菜，你也可以試試饒舌歌曲。Flocabulary 是紐約市一家小型教育出版公司，由布雷克・哈里遜（Blake Harrison）及艾力克・拉帕波特（Alex Rappaport）共同創辦，因以嘻哈音樂激起學生學習語文、藝術、社會研究、科學與數學，獲得全國媒體的注意。在他們的網站上，你可以看到《今日秀》、《NBC 新聞》及 MTV 等新聞及節目的錄影片斷，顯示哈里遜與其他表演者以嘻哈的節奏與詞曲刺激學生學習的熱情。⑤

Flocabulary 的做法有研究的支持，包括國際閱讀協會前會長羅傑・法爾（Roger Farr）博士做的範圍廣達六州的一項研究，顯示中學生的閱讀能力因此進步。這是你必須親耳聽過才會相信的課程之一。請點選他們網站上的「莎士比亞也嘻哈」（Shakespeare Is Hip-Hop），聆聽《仲夏夜之夢》中精靈與仙女的一段對手戲。教育理想國也拍攝了一些影片，顯示學生寫作莎士比亞式的饒舌歌，並根據這位大詩人的作品製作電影。⑥

更重要的是，任何人都可以引進各方面專家，分享他們的經驗，並在課堂學生與外在世界間建立連結。每個社區都有藝術家、作家、音樂家、舞者、園丁、廚師、科學家與工程師等等，能爲學生做出貢獻。

教育理想國曾經介紹許多這類計畫或課程，例如西雅圖附近的航空高中（Aviation High School），由於與波音公司之間的合作關係，因而加強了ＳＴＥＭ（科學、科技、工程與數學）課程。它的合作教學團隊包括史考特・麥康姆（Scott McComb）老師、本身是結構工程師的題材專家道格・葛羅斯（Doug Gross）以及專題式學習教練艾娃・利德爾（Eeva Reeder）。利德爾本身教幾何，她與西雅圖建築師合作，爲她的十年級學生開設一個爲期六週的學習計畫，讓他們設計一所未來學校。這是教育理想國拍攝的記錄片中迄今點閱人數最多的影片。⑦

航空高中的計畫招募了九名學生，平分成三組，從事爲期半年的模擬機翼翼狀輕質結構設計與測試比賽。影片顯示葛羅斯與空氣動力工程師共同分擔教學工作，播放各種不同結構設計的飛機的幻燈片給學生看，將他眞實生活中的經驗帶到課堂。

教育理想國的許多故事也展現同樣的合作教學概念，例如本書第四章討論過的「建築舊金山」的建築計畫或 MetWest 的專題式教學高中，有各職場的專家與課堂老師分擔教學。由動畫老師大衛・馬斯特（Dave Master）在洛杉磯創辦的「艾克米動畫」（Acme Animation）計畫，運用視訊會議與網路平台，將職業動畫家帶到各地學生面前，最遠到阿拉巴馬州伯明罕。[8]

我的家庭就透過「加州駐校詩人」（CPITS）計畫，體驗了合作教學的價值。這個計畫每年將超過一百位詩人送到州內各學校，是美國最大的駐校作家計畫。我女兒小學時就因此得以親炙詩人葛蕾絲・葛拉夫頓（Grace Grafton），獲益良多。如同歌劇演唱家，詩人亦可協助老師與學生溝通，如何運用所有感官提升識字能力。在對抗文盲上，尤其協助中、低年級學生跨越障礙，在九歲時具有四年級的閱讀能力，他們是重要但向來被低估的盟友。

如果每一個四年級學生都能像伊莉莎白・柯里莫夫（Elizabeth Klimov）般運用所有感官寫詩，那就太棒了。伊莉莎白是加州聖巴巴拉郡的四年級學生，受教於老師泰莉太太（Mrs. Talley）與詩人老師露易絲・克雷恩（Lois Klein）。她的詩作收錄於CPITS發行的全州選輯《舉世所聽》（*What the World Hears*）：[9]

不同又相同
我是那個有骯髒金髮的
就像夏威夷的沙岸。
我的眼睛有水塘

漣漪色，但有時
又綠如前庭草坪。
我的膚色像奶油糖果。
我擅長拉小提琴。
我的朋友有漆黑髮色
如同飛過夜空的烏鴉。
她的眼睛有咖啡顏色。
她的膚色如牛奶巧克力。
她父母來自約旦
我父母則來自俄羅斯。
她能跳舞。
我們的父母
都來自遠方。
我們都喜歡雞肉飯。
我們也都愛我們的家庭。

萬一你覺得這是個會拉小提琴的稀奇四年級學生，再想想。在一些小提琴家的協助下，柯貝特小學也在做同樣的事。

父母是夥伴：家庭與學校的連結

如果教育改革有一個信條，那就是：父母是老師、學生與父母鼎立的三足之一。如果三足都穩固且互相配合，將構成學習的駕駛座，可幫助學生在校甚至畢業後加速通往成功。

每次研討會中話題轉到納入父母時，大家都會點頭。不論學校董事會或政府，與教育有關的人都知道，教室外，尤其是家庭中所發生的事，對學生是否成功的影響力大於一切，許多時候更大過學校所能做的。

但父母的參與迄今仍是學校教育中最令人頭痛的事。歷來它從不是老師與校長養成訓練過程中的一環。以前人們認爲父母應該將孩子帶到學校交給老師後，就將教育留給老師。但我們現在必須承認，父母的參與可能是兒童學習過程中最重要但最少被觸及的面向。有次我在向一群家長演講前，先問一位小學老師我最該講的一件事是什麼，她回答：「跟他們說有關孩子的學習。他們在孩子到幼稚園前所做的事，比我們在幼稚園裡所做的事影響力大多了。」

但各種障礙依然存在，責備的聲音也指向各方：父母們太忙碌、太懶、要求太多；學校是一座城堡，父母們不受歡迎；語言也是障礙，有些父母不會說英語，老師則不會說其他語言。懷疑四起，鴻溝加寬。

老師家庭訪問計畫

沙加緬度，加州

二○○一年教育理想國介紹了加州沙加緬度一個新合作案，爲這個問題提供了新解。教師工會、學區及一個特別的夥伴——一個名叫ACT（Area Congregations Together，地區教會聯合）的社區跨信仰組織，共聚一處，著手重新定義這個問題。⑩

基本原則是，老師與父母應該是夥伴。用我最喜歡的話來說，是學生的共同教育者。家庭訪問也應該是整體合作關係中的一部分，而不是只有在學生發生問題時才進行。不只是學生行爲有偏差或課業被當的家庭，而是所有學生與家庭都參與家庭訪問計畫；老師與家庭在其中都有平等的地位，並以部分家庭的母語進行溝通。必要時需有翻譯員，陪老師家庭訪問。每年春、秋兩季各進行一次，老師因此增加的工作時數也要獲得補貼。

我們的影片與文章將重點放在蘇珊安東尼學校（Susan B. Anthony School）。這所學校共有四百五十名學生，其中三分之二是來自寮國、泰國與越南的東南亞移民家庭，百分之百為低收入戶。它也是一九九八年秋季展開家庭訪問的九所沙加緬度學校之一。到二〇〇一年我們開始採訪時，這個計畫已在父母參與、問題行為減少與學業成績進步等方面展現了可觀的成果。短短數月內，學校已由只有少數父母參加學校活動，變成有六百位父母各帶食物到校分享，同時聽取學校說明新的改進計畫。學區已擴大計畫，將學區內所學校納入。加州教育局也注意及此，編列了一千五百萬美元，供其他學區採行這個計畫。二〇〇八年教育理想國網站開闢貼文區供使用者張貼評論，以下是幾則相關貼文：

「我認為讓父母感覺自在，可以向你提幾個問題或請求協助是非常重要的。如果他們不懂也不問，那麼家庭的幫助將毫無助益。」

「我覺得這是最難做的事情之一。我發現我只在有問題時才和父母聯絡，而不是學生有了什麼好表現時。」

「這對學生的成就太重要了。負面的問題需要澄清，正面的則應該加強……許多父母有錯誤印象，或相信沒消息就是好消息。我們教育工作者應跨出第一步。」

「我發覺的一件有助益的事是，一旦你注意到一個問題，應及早聯絡。許多父母的評論是他們想知道爲何沒有早點被聯絡。如果早點溝通，大多數時候情況都會因爲他們的參與而改善。」

老師家庭訪問計畫（PTHVP）已擴大到美國許多州，包括科羅拉多、蒙大拿、俄亥俄與麻州。

YES預備學校：到大學畢業的承諾

教育理想國二〇〇九年的「好學校」個案研究，包括了休士頓的YES北中央區預備學校（YES Prep North Central）建立學校與家庭關係的做法。YES預備學校系統設定的目標是協助學生百分之百進入四年制大學，而它的學生絕大多數來自低收入家庭。YES北中央區預備學校堅信這是一個爲期七年的過程，必須由六年級開始。學生五年級結束後一旦獲許入學，老師即進行家庭訪問，個別向學生家長解釋他們當天所簽契約的意義，主要內容包括：學生承諾每天準時到校並整天在校，參加特定的週末課程及暑期輔導；父母（或監護人）承諾監督學生上學，提供安靜環境供學生讀書，並參加所有會議與學生展覽。⑪

以網路連結學校與家庭

科技的目的之一是使溝通無所不在。近年來，讓父母由網路進入學校大門的科技平台日漸受到歡迎。這些系統已超越一般的學校網頁，除列舉課程、教師、學校活動等基本資料，還爲每一個學生家庭提供客製化的資訊。家長可瀏覽當天課堂情況報告，並檢視家庭作業項目。就如許多家長所知，孩子可能是學校與家庭聯繫中最弱的一環。對於家長每天例行的問題「你今天在學校做了什麼」，孩子最常見的答案是「什麼也沒做」。

這些學校與家庭之間的封閉網路提供了過去沒有的溝通管道，擴大以往只有涓滴細流的資訊流通，讓家長得以詳細了解學生在校的情況。有些教室甚至安裝了攝影機，讓家長親睹上課狀態。

來自聖荷西、曾任高中教師、現爲教育理想國作者的馬克・葛羅斯（Mark Gross）創辦了一家名叫「學校迴路」（School Loop）的公司，專門提供這類系統。⑫「學校迴路標準」（School Loop Standard）是一個簡單的網路作業平台，讓學校管理者與老師向社區發布資訊，包括學校新聞、行事曆與特別活動，是一個一對多的解決方案。

「學校迴路升級版」（School Loop Plus）則是多對多互動模式，供學校或學區使用，可因應個別學生所需而組成教學團隊。它的目標是「讓所有學校感覺上都像小學校」。在學生課程、課表、出席情況、課業及家庭作業、成績及其他課程內容上，父母、老師與學生分享同樣資訊。父母可個別或以集體方式寫電子郵件給學校管理者或老師。學生可張貼課業，或將檔案上傳到一個數位置物槽中。學區、學校中或學生間可形成小組，共同進行課業或討論。每一個課程都可以有本身的網頁。校長可鳥瞰綜觀全校，包括每個班級的課程與評量資料到個別學生的資料夾。

這個系統還包括一個多種語言的語音郵件系統 TeleParent，掃除了老師必須撥打三十到一百五十通電話留話給父母的障礙。TeleParent 可以用二十三種語言發送七百則語音訊息到學生家庭。有關明天要小考、學生成績進步或退步等訊息，每天下午五點準時發送，以利家長善用時間與孩子談話或督促課業。這些訊息可用來解決問題，如成績退步、缺席，但也能提供正面鼓勵。在一項以加州安那罕（Anaheim）高中與初中爲對象的研究中，家長與老師異口同聲表示這個系統有助於溝通，並改善學生行爲與課業。老師很感激能以家長的各種不同語言溝通。學生成績表現很有說服力。不過雖然多數高中生都對 TeleParent 表達了正面的經驗，也有一些人表示不喜歡，因爲現在父母都知道學校的情況了，他們就必須更對自己的行爲負責。

老師與父母讚美的力量

成人對學生的學習有很大影響力。我對老師單單一句話就能激勵或摧毀學生士氣印象深刻。每個人都有一個這樣的故事：被喜歡的老師誇讚聰明，表示注意他們，並鼓勵他們努力在某學科、某運動上求表現。當老師、父母與其他人合作教育學童時，更能合力運用讚美的力量。

曾任加州社會教育督學長的蒂蘭・易斯汀（Delaine Eastin）提起一個小故事，說她小時一直很害羞，直到一位戲劇老師說她應該試試演一齣戲。她發現自己喜歡在舞台上表演。後來，她成為很有吸引力的演說家，也是很受歡迎的州議員，以及美國民選的最高教育官員，這都是得到一位有同情心的老師的一句激勵。

研究也證實正面肯定對兒童的影響力。堪薩斯大學的貝蒂・哈特（Betty Hart）與陶德・瑞斯萊（Todd Risley）一九九五年曾研究堪薩斯市的四十二個家庭，記錄每家從嬰兒出生到三歲期間親子溝通的次數與品質。⑬他們發現，高收入家庭的父母約對他們孩子說五十萬次鼓勵的話、八萬次洩氣的話。低收入父母則只鼓勵孩子七萬五千次，但洩氣的話則很頻繁，約二十萬次。這些「正面父母」五十萬次的鼓勵中不是只有單字，還有許多複雜的措詞與語句，引導孩子形容感觸、因果關係與抽象概念，連結了語言與學習。

感情能「造成」智慧嗎？出自老師、父母心中的仁慈語句能刺激兒童的大腦嗎？在三歲時，得到更多口語刺激的學齡前兒童平均約有一千一百個字彙，智商一百一十七；而受到較多口頭斥責的兒童平均只有五百二十五個字彙，智商七十九。

關鍵不在於父母的社會地位或財力，而在於他們是否知道如何跟兒童講話。

想想教育家詹姆士・柯默（James Comer）童年的例子。他是耶魯兒童研究中心（Child Study Center）主任兼兒童心理學講座教授、柯默學校發展計畫（Comer School Development Project）創辦人。柯默在自己的著作《瑪姬的美國夢》（*Maggie's American Dream*）一書中形容母親的養育之道。他母親以前在印第安納州加里（Gary）以代客打掃家戶維持家計。[14]

在他們一起搭公車時，瑪姬會向小詹姆士解釋車頂上的廣告及沿途的處所。她持續帶孩子們到各個有趣的地方，問他們問題，也回答他們的問題，塑造學習的正面氛圍。瑪姬自己未受正式教育，但養育了五個孩子，總共得到十三個大學以上學位。在一九三〇年代，她已本能了解到教育研究數十年以後才證實的事。

二〇〇五年的全美國年度教師傑生・卡姆拉斯（Jason Kamras）也把這種支持精神帶到他在華盛頓特區的初中數學課堂。他當著全班面前，用手機打電話給學生家長，讚揚孩子的好表現。不同於絕大多數學生，卡姆拉斯的學生都希望他打電話給他們的父母。

學生眞正渴望的是學會一個困難概念時，老師能在背上拍一下，或鼓勵他們學更多。老師也需要多一些關愛。他們待遇微薄，少受感激，而且面臨各種壓力。一九九二年，喬治・盧卡斯站在奧斯卡獎的世界舞台上接受「塔爾柏克紀念獎」以表彰其終身成就。這個獎現在放在我們辦公室的一個玻璃盒中。當我向來訪的教育工作者介紹這個獎時，他們都還記得十八年前那一刻，盧卡斯曾謝謝他的老師（訪客也都注意到，現在很少有得獎者如此做）。盧卡斯當時說：「我們今天做電影的人都是老師，有很大聲音的老師。但我們的力量永遠無法比得上在學生耳邊低語支持的老師。」

些許讚揚就能發揮很大影響。我們都應該多多讚揚老師，感激他們提供的服務。當他們再把這種溫暖傳達給學生時，那就會是一個能持續傳送的禮物。讚揚應該是我們國家蘊藏無限的再生能源，能助燃學生與老師的成功。

團體練習：撰寫二十一世紀教師的工作描述

二十一世紀老師應該是學生學習的經理，而非他們唯一的教學者。學生必須掌握的知識現在存放於網際網路，而較少在老師的腦袋或教科書的封面與封底間。一位老師的學科知識仍然非常重要，但更重要的是他要了解學生必須建立自己的理解。今天的老師也必須珍惜與其他共同教育者的合作，帶進外在世界的專業，並加強父母、老師與學生的結合。

你下次參加教師或家長會議時，試試一起腦力激盪，寫出二十一世紀教師的工作描述。這個練習可與本書〈第六鋒面〉結尾的練習一起做：撰寫二十一世紀學生工作描述。下面是一些參考：

必需技巧

1. 了解嚴謹的專題式學習如何帶來更深刻與持續的知識。
2. 有能力組織課堂以進行小組合作學習，而非個別學習。
3. 擁有以科技協助學習的知識；但如同下一章〈第六鋒面〉將談到的，這並不意味老師在落實運用這些科技時必須通曉一切。
4. 擁有與其他專家、家長、教師等合作教學成員「面對面」與「線上」合作的能力。
5. 永遠自動自發尋找新教學資源而讓教室活潑起來，包括線上教材、地方學習場所（博物館、企業、劇院、大學），以及社區其他地方。
6. 借助政府和學區更具彈性的選擇與時間、金錢資源，主動尋求專業發展的機會。
7. 能夠號召眾人（包括學生）一起提供學生科技學習體驗。

8. 了解連結社交情緒議題對於學生學習課業內容來說很重要。

資格

1. 相關科系文學士或理學士；觀察與教導兒童的實務經驗，包括擔任資深教師的實習教師。
2. 進一步資格：教育碩士（EdM）或其他碩士學歷，繼續接受第五年的研究所學習與教學實習。
3. 擁有教育兒童或青少年的熱情，有愛心、協助的心態與他們一起合作。

數位時代的督學長看二十一世紀的教師與教室

最優秀的督學長是學區執行長，是學校體制真正的領導者，但在他們自己的團體之外很少有人認識他們。許多督學長對於自己的學區都擁有前瞻性的願景，但他們受到學校董事會政治、工會規範、瑣碎訴訟以及官僚體制的牽絆。如果要創新，像是讓合作教學鋒面散布到學校體系的核心，督學長必須了解教學夥伴關係的重要性，以及更緊密的學校家長合作所扮演的關鍵角色。此外，督學長的領導責任還包括說服學校董事會將資源分配到相關項目上。

卡麥隆‧麥康是擁有一萬四千名學子的南加州富勒頓學區的前督學長。如同賭上政治資本與自己在教育界的聲望也要提供每位學生與教師一台筆電的緬因州州長金恩，麥康試著將科技學習的好處帶給自己學區裡所有的學子。他的努力帶給他的是輿論爭議以及美國公民自由聯盟（American Civil Liberties Union）提出的訴訟。我訪問他的時候，他提出了前衛的學校新願景。

陳明德：您對於二十一世紀的學區有什麼樣的願景？

麥康：學校必須改變以配合數位學習者的需求，配合我們現在居住的這個世界的需求。我們必須重新訂定學校的目標，而不只是修正而已，特別是我們必須重新定義教師的角色、學年與上課日規畫方式，以及學校課程的內容與教學方式。

理想的二十一世紀學校將專注於小組學習者與教練。這樣的模式可以促進學習，讓學生與教師之間產生連結，讓雙方都能專心投入。因此，老師的角色必須更像教練模式而不是教書者模式。

陳：學校行事曆必須改變哪些地方？

麥康：傳統依據農業社會現實所訂定的學年，不符合今日學生與社會的需求。學校一般早上八點上課，下午兩點半放學，然而現今大部分的父母都在上班，而且早上八點不是很多學生狀況最好的學習時段，特別是國中生。另外，三個月的暑假對我來說太長，對我十三歲的女兒來說也太長。

陳：我們為什麼不調整學年行事曆，配合學生與家庭的需求？

麥康：與其強迫學校像個獄卒一樣爲學生的行蹤負責，學校應該是個全年開放的環境。學生應該像企業員工一樣可以自由安排假期。只要學生能維持一定的出席天數，在班上主動學習，我們應該讓學生擁有在一年中能夠參與家庭旅遊及其他活動的機會。

陳：我們如何能讓學習更符合需求？

麥康：調查與取得資訊的能力已經取代了背誦能力。有幾個領域是所有學生都必須精通才能成功的領域。每個孩子都需要良好的溝通與合作技巧，還有批判性思考、解決問題、聰明的決策能力也十分重要。另外，不害怕科技與熟悉如何運用科技也很關鍵。擁有全球化的視野也變得愈來愈重要，特別是了解各國文化。

取得這些能力最好的途徑就是專題式學習課程，這對學生與老師來說很有意義，而且也能激發他們，因爲這樣的活動有目的，也有能與別人分享的成果。如同今日的職場，好的學校計畫由學習者團隊執行，並有教練從旁協助。

與別人合作可以培養溝通技巧。我們應該讓學生選擇他們有興趣的計畫，並依照共同的興趣來分組，而不是遷就教室或教師。計畫應該分門別類，讓學生選擇時能接觸到適當的課程。他們的任務以及進度應該定期評估與調整。

陳：我們如何能更妥善利用科技來促進學習？

麥康：科技是一種工具，科技的運用應該無所不在，清楚又好懂。我們必須讓取得知識技能以及認識文化變得有趣、迷人、有意義，而最好的辦法包括擬眞、計畫，以及由學生來領導、學習教練在一旁監督的團隊。在傳統的年級制度下，學生必須以系統性而且遞增的方式負起更多領導計畫的責任。分組應該依據計畫性質以及學生興趣做出相應的變動。

重點在於讓學生跟隨自己的教練，並以具有挑戰性的步伐前進。家長必須時常督促孩子並提出建議，幫助他們邁向成功。PowerSchool 等程式可以自動發送通知給學生與家長，提醒他們上課進度與出席情形，以及接下來的學習機會，讓這類的溝通更爲順利。家長與學生可以透過網路，一週七天、一天二十四小時了解學生進度，並利用電子郵件或視訊和教練溝通。所有八年級或十二年級學生必須一起畢業的概念將會變得過時。

透過網路的輔助，有一些學習也可以發生在傳統的教室之外，像是電腦輔助教學加上適當的督促是幫助學生獲得基本數學技巧的好方法。My Access 等新軟體可以讓學生寫作文時不再感到枯燥乏味，教練改起作文也更輕鬆。

陳：如果要打造二十一世紀的學區，各級政府需要什麼樣的政策？

麥康：我們未能發展出能夠適應學生、家長與教學人員需求的變通體系來提升現況，而是發展出一套僵硬的體系。教員組織變得非常強大且傾向保護工作與制度，而不是提出與執行新標準。目前做不到革命性的改變，我們需要教育大革命。

陳：什麼是聯邦、州政府及學區之間理想的權力平衡？

麥康：美國各地的預算分配顯然具有很大的歧異。必須減少州與聯邦的控制，讓社區擁有更大的預算權。學生達到成就標準的時候，州與聯邦的監督應該降到最低。只有學生達不到標準的時候才需要外部評估。

陳：你會如何描述督學長的新職責？

麥康：督學長的角色不符實際，需要改變。期待一個人是一年一億多美元組織的終極教師兼校長、企業經理、財金專家、設備專家及人事經理是不可能的。另一方面，領導對於組織的成功來說十分關鍵，然而有些董事會與督學長認爲督學長的角色就是簡單當一個管理者，而不是領導人。不管是哪一種情況，我們都沒能提供他們足夠的訓練。

我認爲如果能夠將人事管理與營運行政區分開來，對教育來說會比較好。把這個模式運用到學區上，將需要大幅改變社區以及教育專業人士的期望，但長期來說這對教育比較好。如果這個模式能被接受，來自多元背景的督學長將可以成爲擔任成功的領導者。

合作教學鋒面的重點，在於讓孩子生命中的成人能夠形成更緊密的夥伴關係，包括老師、父母、照顧者以及社群中的其他人。這些成人在建立現代學習環境時扮演著新角色，他們必須認知到今日的學生也扮演著新角色，數位時代的學習者已經在用新方式學習。在本書最後一章，我將會討論今日這個世代的學生如何不同於先前所有世代。

6 青春鋒面

——將改變帶著走的數位學習者

你們那個世代的血液裡流著音樂，我們的血液裡流著科技。

——鄉村高中學生寫給國際 K-12 網路學習協會的蘇珊・派崔克

青春鋒面是最大的鋒面，是「數位原住民」（digital native），「生下來就是數位人」。數位原住民這個詞彙究竟出自何處可能難以追溯，我想《媽，不要吵我，我在學習》（*Don't Bother Me, Mom, I'm Learning*）一書作者馬克・普倫斯基（Marc Prensky）是最早用它的人之一。今日的學生能流利使用新語言，習慣這個新世界的慣例與行爲。他們大步走過我們的校園，口袋裡裝著轉換世代的改變，那是強大的多媒體手持裝置。他們有百分之九十五正在接受教育，會因爲糟糕的教育成爲最大輸家，然而我們在討論如何改變教育時，卻常忽略這個世代。

相對於數位原住民，還有一個世代是「數位移民」（digital immigrant），也就是我們這些超過四十歲的人。我們生長於另一個年代與世界，學習類比時代不同的習慣、慣例以及語言。如果你看電子郵件的方式是自己把信印出來，那麼你是數位移民。如果你是吩咐助理印出來給你看，那麼你眞的是數位移民中的「盧德分子」（譯註：工業革命時因爲反對工業而砸毀機器的人士）。我一個朋友說：「那不是數位移民，那是數位白癡。」我們帶著一絲懷舊，想起曾經有一個年代，我們眞的必須從沙發上站起來，走幾步去換台，但我們感激現在可以隨時看更多想看的東西，電視數位錄影機讓我們可以看九百個頻道，而不只有九台。然而我們說數位語言的時候帶有腔調，孩子們聽得出來。

數位原住民大步前行

數位原住民目前有兩個世代，他們只使用電腦與MP3。除非是爲了演古裝劇，否則他們的手指從來沒有碰過打字機或錄音機。一個朋友告訴我，有一天他讀中學的兒子回家時，問家裡有沒有打字機，學校演戲的布景需要一台。父親說：「我想車庫裡應該有。」他們翻箱倒櫃從箱子裡找出打字機，擦掉上面的灰塵。孩子觀察那台對他來說一定感覺很古老的打字機器，帶著些許得意說：「哇，爸，這眞是太酷了，甚至還有內建印表機！」

詩人葛里・索陀（Gary Soto）參加加州駐校詩人計畫，他說了一個故事。有一次他向十五歲的鄰居炫耀他的 IBM Selectric 打字機，從前那可是一台了不起的寫作機器：

> 幾個星期前，我的鄰居山姆到我家幫我解決電腦問題。他十五歲，人比我高，而且很有禮貌……願意幫助我這個老人……他問：「嘿，那是什麼？」……他抬起下巴問我那台曾經是最棒最好的 IBM Selectric，當年每個詩人和作家都靠那一台。
>
> 我問：「你是說那台打字機嗎？」山姆看著打字機，他的臉露出一個原來如此的笑容，「喔，打字機長這個樣子啊。」瞬間我覺得自己像是卡通裡的摩登原始人弗瑞德……所以我展示打字機的鍵盤要怎麼用，在白紙打上黑墨水。他又露出恍然大悟的笑容，說：「好大聲。」①

在新媒體習慣的復古風中，有些青少年嘗試用打字機（如果他們找得到的話）這種「一次只做一件事」的機器來寫作。

我女兒瑪姬二十三歲，她是數位原住民第一個世代。生於一九八〇年代的她，用文字處理器打學校報告，一九九八年上中學時開始用手機。一九九四年她八歲時，我們幫她買了第一台電腦，是萊姆綠的 iMac，主要用來打字和玩奧勒岡開拓者等遊戲。在她的童年時代，網路正在迅速興起，儲存全世界的知識。在她的小學時代，教室後面有一台電腦，先寫完功課的人可以去玩遊戲。

身為父母的我們，偶爾會告訴她網路上有和她的作業有關的資料。她五年級的時候，有一次班上要介紹美國各州，她被分配到內布拉斯加。她用網路找了一些資料，像是那一州有哪些城市以及城市的大小。她中學的時侯，似乎每個美國學生都在看《麥田捕手》。我告訴她有愈來愈多的網站放著《麥田捕手》作者沙林傑的小說評析，但她的老師很少出作業要學生利用網站找資料。她的老師是當時舊金山最好的學校的好老師，但他們認為自己的角色是教導學生他們知道的事。他們要把腦袋裡的東西傳遞出去，而不是解釋網路裡的東西。

她四年級的時候，有一天全班正在準備舊金山探索博物館的校外教學。老師向全班說明規定，像是小組要一起行動，接著還提到他們會看到牛眼解剖的示範。她事先提醒孩子，到時候不要發出他們很愛發的「噁～」的聲音。內人蘿絲那一天恰巧是班上的義工媽媽，她知道探索博物館的網站有牛眼解剖的介紹。她讓學生一組一組到電腦螢幕前，事先瀏覽相關照片和敘述。他們還看到展覽場一位青少年「解說員」的導覽照片，很興奮可以見到她本人。

探索博物館的人員說，事先看過線上展覽的學生抵達博物館時，已經有預備知識，很快就能忘掉噁心的部分，提出更好的問題。網路體驗可以輔助親身體驗。

一直到今天，舊金山探索博物館的網站仍是全世界最受歡迎的科學博物館網站，一年瀏覽人次超過兩千萬人，而有幸親臨博物館實體大門的人數則是五十萬。雖然網站每次可能只瀏覽個幾分鐘，但網站造訪人數超過實際參觀二十倍。

數位原住民第二個世代大約在世紀之交出生，那時網際網路正在清楚展現爲潛在的學習途徑。多媒體網路正在成爲世界的數位圖書館，裡頭不只有書籍、雜誌、新聞等印刷媒體，還有大量的照片、音樂與影片。二〇〇〇年，我們的教育理想國網站開始提供影片，壓縮檔案以配合當時的高頻寬與低頻寬。到了今天也才過了十年，但壓縮技術與電腦處理器速度的提升讓十年前的高頻寬與今日無線頻寬相比是小巫見大巫。

第二數位世代只認識強大的多媒體電腦，可以編輯影片，儲存幾萬張照片與幾千首歌。在網路教學計畫之中，我最喜歡的一種是虛擬校外教學。網站影片讓這類教學大受歡迎，學生跟著羅伯・巴拉德（Robert Ballard，譯註：海洋考古學家，著名事蹟爲發現鐵達尼號殘骸）等科學家與探險家到夏威夷火山國家公園等等，上天下海。美國地理學會、國家航太總署、美國國家海洋暨大氣總署（NOAA）以及國家科學基金會等團體與單位贊助這類活動，以探索、冒險與發現的精神將科學與科技呈現在世人眼前。還有什麼能比這些更讓今日的學生興奮？

這些大無畏的探險家中有一位是教育學教授。在國家科學基金會的贊助下，明尼蘇達大學的艾倫・杜爾林（Aaron Doering）教授正在進行四趟名爲「探險學習」（Adventure Learning）的北極之旅。②他在每次爲期數月的旅程中，在氣溫負四十度的夜晚探索北極，陪在身邊的只有一群阿拉斯加哈士奇（我相信這群狗兒是學生那麼喜歡他旅程的部分原因）。杜爾林教授募集村莊學生測量冰核，還訪問村莊長者請他們說故事。他示範了如何讓一趟調查氣候變遷的學習旅程擴大爲相關地點的文化、語言與歷史之旅。

數位原住民跟著強大的科技一起長大，他們體驗過科技如何讓學習過程生動活潑起來。現在這群數位原住民正要進入今日的學校，身上帶著我們期望的改革種子，正在遇見懂得替學生駕馭科技的少數教育人士。這些教育人士可以是學校老師、課外教育者，或是其他非營利組織或大學裡的男男女女。如同下節所述，「天生數位」的這個世代仍然需要成人細心照顧，帶領他們走向正確的數位學習體驗。

數位世代發聲

二〇〇九年，教育理想國製作了一系列發人省思的數位年輕世代多媒體側寫，並將這個計畫命名爲「數位世代」。③我們覺得有必要讓大家近距離看到美國學生正在用數位媒體做些什麼事。我們想將這些學習者放在前景，輔助他們的成人則放在背景，製作不同於學校用校長與老師來說故事的記錄片。

在麥克阿瑟基金會的協助下，我們決定製作十位美國學生的大規模側寫。我們請數個組織向他們的年輕人公布這項消息，參加者要交一段兩分鐘的 YouTube「徵選帶」，介紹他們是誰以及他們如何使用數位媒體。我們收到六十多份自介影片後，依據內容以及年齡多元（九到十八歲）、五男五女原則挑選出十段影片，拍攝人來自全美都市、鄉村與郊區社區。每段影片的簡介都呈現了數位生活方式與學習風格的豐富性：

黛娜（Dana），九歲，馬里蘭州：iPhone 遊戲玩家，看 iTunes 影片，玩任天堂 Wii 與 WebKinz World 遊戲，馬里蘭大學兒童遊戲與產品設計「兒童團隊」（Kidsteam）顧問。

卡麥隆（Cameron），十一歲，印第安納州：影片與特效製作人，遊戲玩家，利用影片分析自己球場表現的曲棍球球員。

澤倫（Jalen），十二歲，芝加哥：藝術家與動畫家，社交網絡者（social networker），遊戲玩家，設計過一款 Nike 球鞋。

莎曼沙（Samantha），十三歲，伊利諾州迪卡布：影片製作人，魔獸世界玩家。

狄蘭（Dylan），十三歲，新罕布夏州：平面設計師，影片製作人，社會運動者，Thinkquest 團隊成員（該團隊由國際學生組成、曾開發一款主題爲反對虐待動物的得獎遊戲）。

維吉尼亞（Virginia），十四歲，喬治亞州卡米拉（Camilla）：數位青少年（Digiteen）部落格使用者，社交網絡者，低年級學生網路安全教師。

賈斯汀（Justin），十六歲，華盛頓特區：教師，教育遊戲開發者。

奧利維亞（Olivia），十七歲，舊金山：爲社群網絡利用公用電腦。

路易士（Luis），十八歲，奧勒岡州康尼露斯（Cornelius）：影片製作人，機器人教師，建立城市樹木健康資料庫的四健會市民科學家（譯註：四健會是提供青年活動的非營利農業組織），家裡的科技專家。

娜費沙（Nafiza），十八歲，紐約市：影片製作人，社會運動者，社交網絡者，遊戲玩家，曾利用「第二人生」完成探討娃娃兵問題的學生計畫。

爲了展現「數位世代」報導的精神，以下我讓維吉尼亞與路易士替自己發聲。

維吉尼亞：臉書戒斷者

喬治亞州的卡米拉是個南方小鎮，我們將會有一間沃爾格林藥房，最近還新開一間漢堡王。我就是愛這個小鎮，它不會太大，也不會太小。

我的數位青少年人生

最初我有一台小型的Game Boy，我會玩遊戲，然後大約在七年級我開始用電腦。剛開始使用手機時，我不是很常發簡訊，只拿來打電話。接著朋友示範如何使用簡訊，我就上癮了。然後我開始用可以立即發送訊息給別人的即時通。我用手機當作早上參加祈禱早餐會的鬧鐘。我的數學老師讓我們帶手機，我也用手機來當計算機。現在我和全世界的人一起貢獻文章到「數位青少年」部落格，大約一個月一次。

八年級時，我第一次眞正用數位媒體來創作。我們寫了一個故事，內容是有一個人無法正確打字。然後我們找來很多人演出我們的短篇喜劇，接著我把它們全部集合在一起。我們利用 Animoto 製作那部電影。

我的朋友

我喜歡和朋友一起打發時間，大家通常會到我家玩 Wii 的網球遊戲。我最常用來和朋友交流的兩項科技是手機簡訊和臉書即時通。我不會眞的見到一起運動的朋友，我用臉書和 MySpace 和他們聊天，問他們：「打得怎麼樣？」

我打完籃球回家後，通常會花四十五分鐘瀏覽 MySpace 和臉書頁面。我大概兩天會上一次 YouTube，看一看評分最高的影片。有時候我會上 SparkNotes，仔細讀幾本上課正在教的書。

我的學校數位學習

我已經替班上的薇琪（Vicki）老師製作過很多影片。最近最得意的作品是我和全球「數位青少年」的朋友一起合作的「權利與責任」部落格。我們報導了澳洲一個因爲教孩子上部落格而被定罪的人。

我們最近發起了網上抗議。Google Lively（譯註：虛擬世界遊戲）要關了，我們所有人的化身人物都在那裡，我們想要抗議，結果有很多迴響。

念書的時候我用 ProProfs。你可以上那個網站製作教學卡，它還可以幫你洗牌。我沒有辦法看著一張紙學習。另外 Classtools.net 有很多可以玩的遊戲，眞的很酷。

進行媒體計畫的時候，我們用 OpenSim，用 Hippo OpenSim。你可以從零開始創作出全新的東西。那是我用過最棒的虛擬世界，我們要用它來教七年級學生數位權利與責任。我們會在網路上放上他們在眞實世界可能碰到的情況。

我們的文學老師要我們製作影片，用自己的話重述《羅密歐與茱麗葉》的故事。我們的小組寫了一首饒舌歌，把不同的戀愛場景放進去。我扮成羅密歐，我的朋友是茱麗葉。我們在影片的開頭做了一段介紹，然後用饒舌的方式唱完整首歌。我很喜歡製作喜劇影片。

我生命中的重要人士

我的生命裡有三個人對我影響最大，一個是我母親，每次我試著做什麼，她永遠都會要我完成，還有薇琪老師讓我用全新的方式看待科技。

最後一個重要的人是我的籃球教練。她永遠要我全力以赴，催促我前進。

我的教學

我正在教小學生數位公民的概念。我們教他們如何安全上網，因爲很多孩子會給別人自己的個人資訊，我聽過太多這類故事。我找到一個叫 Woogie World 的網站，我告訴薇琪老師：「這東西很棒，我們一定得用這個。」孩子們很喜歡 Woogie World。我小弟不知道網路上的人會試圖傷害你。

我從媽媽那裡遺傳到一點教書天分。我喜歡站在講台上教孩子，我喜歡問問題，看看他們的答案跟我的一不一樣。

我喜歡的嗜好、書籍、音樂與媒體

我喜歡到外面拍照，像是我們去波多黎各的時候，我瘋狂照相。

我唯一眞的認眞看完的套書是《哈利波特》，每一集我都看過兩遍以上。我也看過雷蒙尼・史尼奇（Lemory Snicket，譯註：《波特萊爾大遇險》作者）的系列書，但從來沒讀完。

每天晚上我都會讀聖經，聖經是我最喜歡的書。最近青少年牧師剛給我一本新的眞生命版的聖經。

我最喜歡的音樂是能啓發人心的那一種，我最喜歡的音樂人是麥特・納森（Matt Nathanson）。我是最近在 iTunes 的 Genius 上發現他的，他很棒，兩張專輯我都買了。

我會帶我的 iPod 去學校，也會幫朋友製作 CD，然後告訴他們：「大家來聽這首歌。」有的時候我會花一小時在 iTunes 上找新歌。

我最喜歡的遊戲是 Guitar Hero。我最喜歡玩的 DS 遊戲是馬利歐賽車，還有所有的馬利歐遊戲。我喜歡跟小弟玩四輪車比賽，我們比 Wii 比得很凶，會玩網球和保齡球等運動遊戲。

我喜歡看娛樂新聞 E!News，看名人最近發生了什麼事等等。有時候我也喜歡看新聞與了解時事。我喜歡看 Nickelodeon 兒童頻道和電視劇《德雷克和喬西》，最近最喜歡的電影是《沒問題先生》。

我自己的 YouTube 頻道

我和朋友一直說要在 YouTube 上製作一個喜劇頻道。我們平常會做一些好笑的事，然後我們會說：「喔，應該把它錄下來，一定會很棒。」我真的想在夏天的時候開始在 YouTube 上放一系列的影片。

關於科技，成人需要知道什麼

大人永遠都在說：「喔，我們以前成長過程中沒有那些東西。我們不曉得要怎麼用。」我的成長過程有那些東西，而且我知道怎麼用。我媽非常反對手機，一直到兩年前左右才改變。我們最終說服她買了一支手機，因爲永遠都聯絡不到她。

我開了一個部落格討論這件事。我眞的認爲外面有很多大人必須學習與了解的事。科技發展的速度這麼快，他們總有一天得學。我認爲如果他們開始使用科技，人生會更美好。

數位的缺點

今日人們生活裡全是科技。我發現我剛開始上 MySpace 和臉書的時候，上網習慣非常不健康。我會一天上兩三個小時，整個暑假都這樣。我的臉色開始變差，飲食習慣也改變。那眞的很怪，我心裡想：「這樣不行。」

那個時候我們教堂的青少年牧師正在帶領齋戒運動，他說：「所有想要參加的人，應該拋掉所有他們成癮的東西，只要三星期就可以了。這可以大幅提升你們的性靈。任何時候只要你覺得有需要就禱告。」我加入了，那眞的有很大的幫助。現在我了解過度使用科技可能是一件危險的事。

我的計畫

我想上喬治亞大學，開一家牙齒矯正診所。我想把新科技帶進牙齒矯正，像是設計一套軟體，讓人們可以在網路上預約看診時間。我計畫做一件事：讓牙齒矯正再也沒有等候室。

路易士：四健會科技高手

我是路易士・查維茲（Luis Chavez），奧勒岡州康尼露斯人。科技對我來說有什麼意義？科技讓我更能和親朋好友聯繫，還增進了我的讀書效果，讓我能找資料並用於社群，不只是爲了自己而已。

➤我的家人

我的父母來自墨西哥一個叫做密喬康（Michoacán）的地方，他們是來美國找工作的農村移民，在苗圃相識，而且就在那裡結婚。

我生於一九九〇年，我大姊二十九歲，她十一歲的時候從墨西哥來美國，負責照顧還是嬰兒的我，現在替殘障之家工作。我大弟屋帕羅（Umparo）在修車廠工作，他在上英文課，還學了很多電腦。我的爸媽都在學電腦，爸爸最近升官，得到一個管理職，我自願教他使用 Word 文件和 Excel 試算表。我們一家人正在一起努力改善生活。

每次都是我陪媽媽去看病和上銀行，因爲那些地方沒有人可以幫她翻譯。我爸媽說他們唯一用過的科技是自動提款機。後來我開始學習使用網路銀行，我說：「媽，你看，我們可以上網查詢你的帳單，你再也不需要去銀行了。」

我的數位生活史

我的幼稚園有非常老舊的電腦。我們只會用它們來做數學還有閱讀作業。我眞的很喜歡電腦。我曾經跟叔叔買了一台二手 Windows 3.1，那時他剛在車庫大拍賣買下那台電腦。後來我又在二手商店和車庫大拍賣買了很多老舊的電腦。我拆開它們，看看裡面有什麼，東西是怎麼接的。這些年來，我一直吵著要父母買電腦給我，一旦他們買了，我就開始做各種事，像是燒錄ＣＤ、製作短篇影片還有上網。

我在四健會「科技高手」做的事

最近我們帶一群學生到希爾波羅高中（Hillsboro High School）參加樂高比賽。他們參與一項氣候變遷計畫，以年輕孩子的身分幫忙改善人類環境。他們除了學習組裝機器人，也是在學習團隊合作。如果有孩子想要讓機器人往前走再往左走，但其他人不想，他們可以妥協：「好，我們先讓機器人做這個，但下一個部分你們要讓我做我想做的事。」他們也許在未來會做大事業，像是建造太空梭，我相信這些是他們應該從小開始學習的技能。

四健會的「科技高手」真的幫助我學會表達自己。以前我很安靜，非常沉默寡言，但我認識其他學生後，他們馬上讓我了解到一切永遠是團隊合作。

「科技高手」的路樹名單

我們和希爾波羅市合作進行「路樹名單計畫」（Street Tree Inventory Project）。當初提出這個計畫的學生決定從事一項路樹計畫，了解當地樹木並向市政府報告。我加入的時候，剛剛在學可以製作地圖的 ArcGIS 軟體。你可以製作「地理參考點」，也就是地圖上擁有路樹所在地資訊的點。我負責蒐集這項資料。你必須非常精準，因爲一旦資料輸進ＰＤＡ後就很難更改。我們把整個街坊分成好幾個街區，蒐集樹種、樹的高度與寬度、樹蔭大小、樹的生長情況等資料。

學習數位影片

我高二的時候上導師西西莉亞的數位影片課。她教我們使用不同的寬鏡頭、特寫鏡頭與中景。我們還學了各種相機與鏡頭。我們開始訪問別人，學習問比較有深度的好問題。每組學生都要進行一項計畫，像是音樂錄影帶，或是拍攝地方跳蚤市場或足球賽。

紅十字會要我們製作一支兒童獨自在家的安全教學帶。昨天我們看了他們先前的版本，發現有點過時，裡頭的電話看起來很古老。我們想要製作一支新影片，讓孩子知道萬一發生緊急事件，他們應該如何運用網路與手機。

我的一天

我每天早上五點半左右起床，通常起床後會開電腦，很快收一下電子郵件，然後下樓吃早餐。然後我會帶媽媽到公車站，回家，叫醒我弟，兩個人一起刷牙，他吃早餐，然後我們在七點二十分左右出門。我會載他到他的中學，然後自己也到學校上七點五十五分的課。

我第一節課是微積分預備課程，第二節是會計，第三節是幾何，第四節是英文。我沒想到自己會在一天內上四門大學預修課。星期一或星期四的時候，我通常放學後會留下來多做一點事。星期二我會參加科學、數學暨工程社團，簡稱SMILE。那不是一個非常技術性的社團，但會學到一些化學物品的屬性。每年四月，我們都會參加西奧勒岡大學與奧勒岡州立大學在科瓦利斯（Corvallis）舉辦的 OSU SMILE 競賽。我們會進行跟海洋或遺傳有關的工程計畫。

星期三的時候，我會參加「科技高手計畫」。在那之後，我會接弟弟和媽媽下班一起回家，然後媽媽開始煮晚餐。

我到我房間用 Gmail 收信，看看 Yahoo 上有什麼新聞。我會瀏覽科技網站，看看有什麼新科技。我也會上 YouTube 看影片，最重要的是臉書。如果我不能出門，至少我能找到朋友聊天。如果我功課有什麼問題，他們可以幫我。我也可以發簡訊給他們。這有點像是多工任務，我可以在紙上做作業，同時也在用臉書和朋友聊天。

然後我回到家人身邊，幫媽媽擺好桌子。爸爸和哥哥回到家，我們吃晚飯。我父母通常會在樓下看電視，有的時候我會和他們一起看，也或者我會上樓看。我在看電子郵件的時候，也在做功課。我做完所有事，再看大約半小時的電視，然後在十點左右上床睡覺。

我生命中重要的人

我的自然老師。我認識他們四年了，他們是瓊斯老師（Jones）、葛雷老師

（Gray）與普夫老師（Poff）。他們通常會試著激勵我，讓我的家庭作業能有最好的表現，而且要我做好考試準備。我的「科技高手」指導老師是西西莉亞・海隆（Cecilia Heron）與麗莎・康羅伊（Lisa Conroy），她們一直在找機會讓我能夠展現我如何能服務社區。影響一個人生命最深的人是父母，他們教你道德倫理，要你主動積極，希望你一生能有成就。

教學與旅行

我開始學習數位媒體與ＧＩＳ程式的時候，發現不只自己要學，還要教其他人。因爲有別人我才有這個機會，他們出現在我眼前，而我把握機會。我想讓別人知道他們也能做同樣的事。

我第一次重要的旅行是去多明尼加共和國。當時除了墨西哥與美國，我從來沒有去過任何地方，所以那次是很重要的經驗，我學習了很多他們的文化。我有機會以「全國ＧＩＳ」（National GIS）團隊的名義造訪聖地牙哥，這個團隊的成員來自美國各州。我們在ＧＩＳ使用者年會上發表了我們的路樹計畫，那是ＧＩＳ

使用者最大型的會議。

我最近去了智利，我們負責把ＧＩＳ教給當地一所學校。他們很多學生都得走路上學，所以他們決定製作可以了解距離的地圖並繪製城市的腳踏車路線，探討這些路線的安全度以及路況。我告訴他們繪製地圖可以帶來什麼契機，並且展示給社區看。我非常喜歡這個部分。

我的未來

能夠成爲家裡第一個上大學的人讓我很興奮。爲了未來找工作，我希望能夠學電腦工程或影片編輯。我還沒決定要哪一個，但一定是數位媒體或電子學。

我們依據十份側寫整理出三項主題，捕捉今日年輕人如何使用數位媒體進行新型學習：創造、合作與教學④。雖然這些行爲不需要科技也能辦到，數位媒體讓每個學生都能取得相關工具，用更豐富的方式來表達這些行爲，而且是從小開始，定期每天都能做到。這改變了我們對於學習的所有認知。

「數位世代計畫」主題

主題	說明	範例
創造	今日的年輕人是積極的創作者與製作者，他們利用各式各樣的數位工具來表達自己、詮釋他們周遭的世界，以及加深他們對於教學內容的理解。他們的作品包括原創音樂、動畫、影片、故事、圖像、報告及網站。這些工具讓年輕孩子能以先前世代無法辦到的方式創作。他們能夠積極參與自己的學習歷程，而不只是被動從成人那裡接受知識。最受歡迎的工具包括：音樂製作／表演（iMovie）、數位影片編輯（iMovie）、影像創作／運用（Photoshop）、Animoto、多媒體網頁製作（Flash）	卡麥隆製作與編輯音樂錄影帶、短篇記錄片、學校新聞廣播、特效，並且替數學課製作視覺輔助教材。娜費沙替「青少年第二生活」（Teen Second Life）寫故事與製作布景，並替娃娃兵等迫切的社會與世界議題製作虛擬影片。

合作	
今日的年輕人能在數位虛擬世界以眾多嶄新方式積極合作。他們展示自己創作的媒體，並從廣大的線上社群得到回饋。他們能隨時與數十位朋友聯繫，參與多人線上遊戲。他們能與同一城市或不同國家的其他年輕人交朋友，還能參與其他線上團隊計畫。他們能夠找到成人專家與導師來協助自己發展興趣。 最受歡迎的工具包括：社交網絡（MySpace、臉書、Ning、推特）、部落格（blogger.com、wordpress.com）、即時通、合作工作空間（Wikispace）、Google Docs、影視線上會議（Skype、iChat）、多人遊戲（魔獸世界）、掌上遊戲（Xbox、任天堂Wii）	澤倫把自己的創作放在Remix World上，先讓同伴評論，然後再放到YouTube讓所有人觀賞。 賈斯汀和身邊以及全世界的年輕人一起玩多人線上遊戲。 狄蘭與阿根廷、日本、印度的年輕人一起在Thinkquest競賽中製作得獎網頁。

教學		
	今日的年輕人由於熟悉數位工具，可以教比自己小或比自己大的孩子。他們也可以教父母、老師與其他成人。孩子扮演的新角色顛覆了傳統權威角色。 教學角色讓年輕人獲得自信，並強化他們自身的學習，因爲最好的學習方法就是自己教教看。他們管理內容豐富的網站，分享受到歡迎的資源，帶領工作坊與課程，並製作多媒體作品，與別人分享自己的知識。 最受歡迎的工具包括：部落格（Blogger）、線上課程系統（Moodle）、簡報軟體（PowerPoint、Keynote）、可用於群組會議的網路研討會（WebEx）、社交網絡（Ning）	維吉尼亞利用 Woogie World 教導四年級學生數位公民與網路安全的概念。 路易士教年輕學生設計樂高機器人，並幫助自己的父母學習電腦技能。 莎曼沙利用 Open Sim 教大學學生虛擬世界。

加州大學聖地牙哥分校的伊藤瑞子（Mimi Ito）博士及其研究團隊曾進行一項爲期

三年的民族學研究，他們提出三項相關分類：「一起玩、東弄西弄、變成科技專家」（hanging out, messing around, and geeking out）。

> 透過即時通或手機等私人通訊，以及透過 MySpace 或臉書等社交網站公開的方式……線上空間讓年輕人能夠用新方式彼此連結。大多數的年輕人利用新媒體「一起玩」，並利用這些新方法來延伸已經存在的友誼……年輕人透過探索新事物，到處碰碰，以及「東弄西弄」，取得各式各樣的科技與媒體知識……還有的人則「變成科技專家」，深入專研某個主題或發揮某項才能。「科技專家」是全國或世界上一群高度社交、了解專業知識的青少年與成人。「科技專家」……抹去了傳統上用來定義身分地位與權威的標準。⑤

這個數位世代利用網路、電腦、手機、智慧型手機、電玩遊戲，以及其他許多新工具，以先前世代不可能做到的方式學習與社交。科技不斷進步，許多工具甚至五年前都尚未發明，像是寬頻帶來的網路影片分享（如 Youtube 及其他網站），而原有的工具每年都會推出新功能。

二〇〇七年問世的 iPhone 重新定義了手機，讓手機成爲多功能行動電腦。紐約大學互動電子通訊講座的克萊・舍基（Clay Shirky）發表過我個人很喜歡的一場ＴＥＤ演講。他從古騰堡的印刷機開始，精彩解釋五百年來媒體的發展。他說我們目前正在見證「人類史上表達能力增加最大量的時代；過去五百年來，媒體劇烈變化而且可以稱得上革命的只有四個時期」。

第一場革命是十五世紀中葉印刷機的發明，第二場革命則大約發生在兩百年前，也就是電報與電話帶來文字與聲音兩種溝通方式的時候。大約在一百五十年前，媒體將影像與聲音記錄成實體，帶給我們照相術與黑膠唱片。第四場革命大約起源於一百年前，這場革命駕馭電磁光譜並帶來收音機與電視廣播，發生在我這個世代的小時候。很少人還記得早期的收音機稱爲「無線電」（the wireless），但今日的寬頻無線使用了相同的電波來傳輸收音機廣播，以及更多、更大量、更引人注目的影片。舍基的觀察振聾發聵：「媒體數位化的同時，網際網路成爲乘載其他所有媒體的模式，包括手機、雜誌、電影。每個媒體都與另一個媒體緊緊相鄰。」⑥

接著世界上出現了可以放進口袋的裝置。幾乎所有我在桌電或筆電上做的事，都可以在 iPhone 與目前其他的智慧型手機上做。有些功能在我的筆電上比較好操作，特別是對喜歡大螢幕與完整鍵盤的老眼睛、老雙手來說是如此，但 iPhone 使用者可以發簡訊、打電話、聽音樂、照相與看照片，還可以收發電子郵件與瀏覽網路。iPhone 使用者還可以寫文章。有些數位移民可能會懷疑 iPhone 是否眞的能拿來寫東西，我建議他們去跟大學生聊一聊就知道了。去年我在舊金山搭到一台計程車，和一名二十幾歲的司機聊起他的 iPhone。我說 iPhone 同時可以打電話也能聽音樂一定很方便，他說是這樣沒錯，但他在候車處等乘客上門的時候，也在用 iPhone 寫大學報告。如果是機場的話，可能一等就是好幾個小時，那天早上他就在計程車上線把報告交給教授。

擔任科技小老師的學生

學生最重要的一個新角色是利用他們高超的科技能力來幫助老師教學，我不懂爲什麼這對許多老師來說仍然是一項驚人的啓示。教師最常批評科技的地方是他們缺乏技能，他們需要更多時間與金錢才能培養專業能力，但一個解決辦法是請坐在他們前面的人幫忙。有時候最明顯的辦法遠在天邊近在眼前。

當然，學生沒有馬上被請來幫忙扮演這些角色的原因也很簡單：「學生」不該「教學」，更不該「教老師」。有些老師把自己視爲成人權威的把關人，請學生幫忙是示弱的表現。我要對這些老師說：「早點習慣吧！」老師早已不是教室裡唯一的知識來源與知識權威。

給學生更多教室管理責任有前例可循，例如研究所學生會當大學的教學助理。教學助理的出現是因爲大學生需要有人改考卷、主持小組討論，以及負責大班級的其他管理事項。此外，人們也把擔任教學助理視爲訓練未來教授的好方法。我在史丹佛念研究所的時候也當過助理，帶「傳播一」的討論課，這堂課教學生廣播電視的過去、現在與未來，以及被稱爲「微電腦」的新機器。

另一個例子是從前由熱心的學生組成的視聽社，他們幾乎清一色是男生，大部分都戴眼鏡，身上帶著口袋保護套與計算尺，會幫忙把十六毫米放映機推進來、架好、確認老師可以放影片。社員會與老師合作，找出想要給大家看什麼內容，然後找來必要的行動科技並到班上放映。

YES 世代

奧林匹亞，華盛頓州

想想這些先例，然後把時間快轉數十年，進入今日的教室，這就是「ＹＥＳ世代」計畫的起源。ＹＥＳ世代是「新一代年輕教育者世代」（Generation Youth and

Educators Succeeding）的縮寫，於一九九五年從華盛頓州奧林匹亞開始，創辦人是當時擔任該學區科技官員的丹尼斯・哈波（Dennis Harper）。[7]此一計畫獲得美國教育部科技挑戰（U.S. Department of Education Technology Challenge）的補助，二○○○年被美國教育部科技專家委員會評選爲全美最佳科技教育計畫。我與當時北卡羅來納州的科技官員艾爾希・布魯貝克（Elsie Brumback）是這個委員會的共同主席。

哈波說：「教師不了解這些孩子有多聰明，他們不了解這是史上第一次學生知道的東西比他們的老師還多，而且那些東西對於社會來說非常核心也非常重要。」

參與「ＹＥＳ世代」的學生從四年級到十二年級都有，他們依據每天上課主題找到最佳網站，協助老師在教室裡展示網頁或媒體內容，讓老師在教學時能使用科技。他們還擔任ＩＴ管理員，確保教室的電腦能順利跑軟體，還修理硬體，讓學校網路能夠運作。他們被指派給老師之前，必須先修一學期的溝通與教學技巧課。哈波說他們的調查顯示，百分之九十八的老師表示他們寧願向學生學習，而不想向其他老師學。

「YES世代」利用奇異董事長兼執行長傑克・威爾許提出的管理實務概念，將這種做法命名爲「反向師徒制」。威爾許覺得自己以及底下的高階主管熟悉新科技的速度太慢，於是把數百位高階經理與年輕職員配對，教怎麼使用電子郵件與網路搜尋等「新工具」。

教育理想國的記錄片介紹了這個計畫對於華盛頓奧林匹亞的中學的影響，影片中呈現了一種少見的交流：教師不怕承認自己需要幫助，學生則耐心、自信地解釋自己知道的東西。⑧一名七年級的男孩正在幫助老師設計課程網頁。「那個字體適合這些標題，」他說，「因爲那字體夠大，可以讓每個字都清清楚楚。」老師問：「你有看到任何想要改的地方嗎？」學生回答：「有，這裡少了首頁連結。我在你的前一頁注意到這件事，你這裡有，但有些瀏覽器沒有『上一頁』的按鈕，必須重打網址，那眞的很討厭。」

在四年級的教室，兩個女孩正在幫老師學習編輯影片的方法，解釋什麼是「音軌」、什麼是「轉場」。老師很認眞地問：「什麼是轉場？」其中一個女孩說：

「你想要淡入淡出的時候就用轉場。」一個老師問：「有我們可以用的音效嗎？」孩子回答：「有，我們必須放入ＣＤ，輸到 iMovie，然後你就可以用在學校新聞上。」當老師不怕問學生科技的事，學生也被授權幫助自己的老師時，那是一幅美麗的景象。

麥肯尼小學（McKenny Elementary School）的媒體專家狄恩・巴瑞（Deann Barre）在影片裡說：「和這些孩子一起合作讓人心情愉悅。你給他們愈多的力量，他們就會變得愈有力量。他們爲自己的學習負起責任。他們很興奮，因爲能爲了眞正有意義的理由待在學校，而且眞正能夠幫助自己的老師……每一個科目都可以。」

華盛頓中學指導老師與「ＹＥＳ世代」的講師葛瑞格・寇斯特洛（Graig Costello）補充：「我們用了很簡單的方式，學校文化就整個煥然一新。老師們不覺得『我被硬拖著去學這些科技的東西』。他們有學生幫著完成某項計畫，然後突然間他們都學會那些技能。這是一種一點都不痛苦，又能讓事情順利完成的方法。」

過去十五年，美國海內外已經有超過一千兩百所學校實施「YES世代」計畫，參加的學生超過七萬五千人。「YES世代」還衍生出TechYes與TechYes Science等其他計畫。TechYes提供六到九年級學生科技證書與同儕指導，TechYes Science透過科學計畫讓學生取得科學能力認證。喬治亞州科布郡（Cobb County）巴柏中學（Barber Middle School）參加TechYes的學生中，百分之七十一通過了州立科技能力測驗，該校其他學生則是百分之五十一，全國則是百分之六十三。TechYes是喬治亞州科技知識工具箱（George State Technology Literacy Toolkit）中唯一列出的「專題式學習」的科技知識學習方式。

「YES世代」組織內部也力行自己宣揚的理念。創辦人哈波說：「我們組織大部分的成員是孩子。孩子製作我們的網頁，孩子接電話，所有的推廣材料都是他們做的，他們控管所有的布告欄。我們宣揚什麼就做什麼。」

科技挑戰輔助金一九九〇年代補助的數百項計畫中，「YES世代」是少數今日還在運作的。哈波十多年來的努力讓他獲選爲《教育理想國》雜誌二〇〇八年的「十二勇士」。雜誌介紹的開頭寫著他直率的名言：「孩子知道的比你多。」

哈波後來還發起新的非營利計畫「金迦納之聲」（Kijana Voices），與賴比瑞亞總統艾倫・瑟利夫（Ellen Sirleaf）合作，將科技帶給賴比瑞亞的年輕孩子。瑟利夫認爲「YES世代」可以協助她重新打造她的國家。

我認識哈波多年，我欽佩他想讓學生的聲音能夠在教育改革中被大聲、清楚聽到的熱情。有一次開會我坐在他旁邊，前面幾排的地方坐著一個教育專家小組。大會一一介紹小組成員時，他覺得奇怪並大聲自言自語讓台上以及旁邊的人都聽到：「台上怎麼沒有任何學生代表？」哈波相信科技能力可以是學生通往平等教育機會的門票。「在網路上，世界上最窮的學生擁有的資源和比爾・蓋茲的孩子是一樣的。所有人都能取得的科技可以讓機會均等，帶來平等，這和金恩博士的夢不謀而合。」

我曾經問他：「你怎麼會成爲學生的擁護者？」他回答他在六〇年代社會反戰運動時是柏克萊大學學生。那一瞬間我明白了爲什麼他會致力讓年輕人擁有更多力量。

學校與學區如果希望執行「YES世代」計畫，可以先上網，瀏覽該網站提供的豐富資訊，也可以使用比較古老但仍然有用的科技——曾經有教育理想國的使用者發文詢問如何能進一步了解資訊，哈波建議他：「請直接打電話給我們，號碼是360-528-2345。」

誰說改變學校文化一定是冗長、曠日廢時、痛苦的過程？或許我們忽略了身旁年輕又充滿活力的盟友，他們就坐在我們的眼前，等著我們開口尋求他們的協助。

團體練習：寫下新的學生工作描述

在傳統的教室，學生的主要工作是坐在裡面聽老師上課，好好記筆記、做作業，記住事實、數字、公式，然後在小考與測驗裡重複這些資訊。二十一世紀的學生則使用科技，主動尋找可靠與高品質的資訊來源，他們分析，然後利用它們製作成品以展現自己的知識。在傳統的教室，教師努力工作，學生在休息。在模仿現代工作場所的教室，學生應該是最努力工作的那個人。

「YES世代」計畫讓我們看到，今日的學生積極希望得到工作。下次開教職員或校務會議的時候，不要忘了花點時間，替你二十一世紀的學生寫下工作描述。以下是一些我建議的技巧與資格：

技巧

1. 資訊識能：使用科技找到與分析必要關鍵資訊的能力。傳統的讀寫識能被納入更複雜、能夠找到與比較多重資訊來源的能力。
2. 多媒體製作：挑選與結合字詞、影像、聲音以溝通故事、研究或觀點的能力。
3. 與別人合作的能力：在模仿現代工作場所的教室，學生團隊製作遠比單一個人能勝任的作品。能夠與別人溝通、讓合作過程有趣又好玩的能力。尊重不同意見、尊重來自不同背景的人。

資格

1. 對世界的各種事情都充滿好奇，想要了解科學與知道事物的原理，對歷史、文學與人文科學充滿興趣。
2. 願意準時抵達學校及其他學習場所，已經做好學習的心理準備。二〇〇五年全國年度教師傑生・卡姆拉斯說：「我要學生知道他們有一份工作，那份工作就是學習。」

3. 努力不懈與認眞工作。遇到挫折與前景不明的狀況時能夠堅持下去。

以「學生作爲學習者」來替六大學校創新鋒面的討論做總結相當恰當，因爲這些鋒面的共通點是以學生爲中心。思想鋒面、課程鋒面、科技鋒面、時空鋒面、合作教學鋒面以及青春鋒面的共同點在於重新定義學生的角色，將他們定位爲積極、興致勃勃、好奇心強、相互合作的學習者。

在嶄新的教育國，或許學校會換掉招牌，改稱自己爲「學習中心」。教師的新職稱是「學院教練」（academic coach）或「學習導師」（learning mentor）。甚至學生這個稱謂可能會變成「團隊成員」（team member）或「學習者」（scholar）。已經有一些學校採用這種新詞彙。現在愈來愈常看到教學團隊出現讀寫教練（literacy coach）與數學教練（math coach）。等學校體系終於重新定義「學生」這個名詞的時候，我們有自信教育國即將來臨。

跋：未來鋒面

——二〇二〇年的視野

我們現在愈來愈清楚看到，顯然沒有人知道年輕一代要撐起一片天的時候，世界會變成什麼樣子，所以或許我們能做的最仁慈的事，就是試著不要把今日種種過時的看法與習慣加諸他們身上。我們只需要嘗試教他們一些基本的東西，告訴他們萬事萬物如何相互影響，做人的基本原則是什麼，並且讓他們大量熟悉身邊的人事物。這些東西都教完後，我們只能輕拍他們的肩膀並祝他們好運。

——克拉克．蓋斯納（Clark Gesner），作家，一九六八年芝麻工作坊簡介

預測未來最好的辦法就是發明未來。

——艾倫．凱伊，Dynabook 教育電子書概念創始人，一九六八年

以上兩則描述未來的話出現在同一年，兩位提出人分別在美國東西岸努力塑造孩童的未來，一位參與兒童電視製作，另一位則為孩子打造科技。蓋斯納在紐約工作，他參與的課程研討會後來成爲《芝麻街》的前身，他最著名的詞曲作品是音樂劇《查理布朗，你是好人》（*You're A Good Man, Charlie Brown*）。

我們今日使用的裝置及軟體，許多都經過凱伊之手，例如圖形使用者介面、可攜式PC等源自一九七〇年代他在全錄帕拉奧圖研究中心研發的東西。早在一九六八年他就設想出用於教育的Dynabooke概念。Dynabook是「適合所有年齡的兒童個人電腦」，一台功能強大、能夠展示多媒體與全方位教材的小型可攜式電腦。他們兩人的工作是我職業生涯的基石，我從兒童電視起步，之後的數十年一直專注於教育科技。一九六八年那個年代，難以想像有人曾經設想讓各式媒體科技集合於單一裝置，並且放在我們的口袋裡。這讓人不禁好奇從現在起的短短十年內，未來將有什麼可能性。

這個世界正在急速變化，速度之快超越人類史上所有時期。依據今日世界所提供的教育，將不足以讓人在明日世界生活與工作。我們正在黑夜裡橫衝直撞，速度快到看不清眼前有什麼東西。我們如果想要創造更美好的明日世界，必須今天就開始努力。如同本書所述，許許多多的教育改革發起者（包括思想領袖、政策制定者、教師、家長，以及學生自己），正在打造新的學校與其他學習環境，讓今日的學生有能力成爲明日的領袖、公民與終身學習者。他們原本在目前學校體系的鋒面努力，現在正逐漸通往核心，然而進展一直相當緩慢，難以普及，特別是如果跟科技與全球變遷的腳步相比的話。

我們可以做些什麼，快一點從鋒面移到中心，而不是一直待在邊緣？我們需要讓更多人達成共識，讓大家了解什麼是有可能的。政策制定者必須了解這些鋒面，家長也必須要求這些鋒面。一間學校接著一間學校、一個學區接著一個學區、一州接著一州分享鋒面的成功案例是建立此一共識的重要方法。教育理想國與其他許多機構都在從事這方面的努力，在網路上以及許多教育革新的研討會上提出相關議題。

找出我們可能做到什麼以及其他學校、學區已經達成什麼，是此一改變過程很重要的一環。學習如何實施新做法最可能發生在一個人的「身邊同儕」（near peer），也就是埃弗雷特・羅吉斯（Everett Rogers）教授在他開創性的「創新散播」理論中提出的詞彙。①我在史丹佛讀研究所的時候，有幸和羅吉斯教授一起研究。我們曾爲了一項利用電話線分享農作物疾病與價格資訊的電訊系統計畫，訪問肯塔基州農夫。訪談結果顯示，如果他們是從其他農夫那裡聽到這個消息，而不是從大學或美國農業部的人員聽到，他們最可能使用那套新系統。同樣的道理，老師最能從其他老師那裡學習，校長最能從其他校長那裡學習，也就是能夠感同身受、知道他們每天要面對什麼的那一群人。

創新研究的另一個原則是那些尋求改變的人不會全盤接受新的做法，而是「改造」

以配合在地需求與經驗，常常還會改良被引進的概念。教育者與社群的其他人必須檢視他們自己的情況，連結目前的狀況與未來的可能性。一個能彌補不足之處的策略，會讓相關人士在打造未來願景的時候，依據自身的經驗與夢想，而且會照顧在地需求與優勢。

二〇〇二年，美國商務部請求幾位「教育科技家」提出未來教育願景，以及在接下來的幾十年我們可能做到什麼。這群專家包括網際網路創始人文頓・瑟夫（Vint Cerf）、JASON教育計畫主席克拉伯・舒茲（Caleb Schutz）、電腦圖形開拓者與Kleiser-Walczak特效公司創始人黛安娜・沃爾查克（Diana Walczak）、哈佛教育研究學院的戴迪、我本人以及喬治・盧卡斯教育基金會共同創始人暨董事阿諾德。我們提出的預測最後集結於《願景二〇二〇：透過先進科技改造教育訓練》（*Visions 2020: Transforming Education and Training Through Advanced Technologies*）。[2] 在打造新天地方面，這一系列的未來願景目前仍然提供了一些發人省思的點子與模式。在接下來的段落，你將會看到我們如何替舊金山的孩童描繪可能的未來。

構思未來圖像的時候，不要忘了納入年輕人的聲音。如同第六章所述，學生代表了一股強大的學校改造力量。已經有太長的時間學生都被排除於「成人的對話」，然而這樣做的風險是我們打造出的環境依舊會是以成人爲主的世界，與過去衆多的學校改革沒兩樣。

《願景二〇二〇》出版之後，美國商務部、教育部與 NetDay 又贊助了尋求學生看法的續集《願景二〇二〇點二：透過先進科技改造教育訓練之學生看法》（*Visions 2020.2: Students Views on Transforming Education and Training Through Advanced Technologies*，二〇〇四年出版）。③「NetDay 學生發聲日」（NetDay Speak Up Day for Students）利用線上問卷調查美國學生，有十六萬人塡答。其中一個開放式問題是：「今日你和同學是科技的重要使用者，未來你們會成爲新科技的發明人。你希望這個世界能夠發明什麼來幫助未來的孩子學習？」超過五萬五千名學生回答了這個問題，其中八千份的回答被用於分析共通的主題。

報告最後從學生回答中常出現的四大主題（數位裝置，使用電腦與網路，智慧型教學導師／幫手，學習與完成學校作業的方法），綜合整理出一個未來圖像：

> 每個學生都使用一台小型手持式聲控無線電腦。這台電腦提供適合孩子的高速網路，而且網路上有眾多安全、專為學生設計、不會跳出廣告的網站。利用這個裝置，學生可以完成多數的學校與家庭作業，還可以在學校或家裡參與線上教學。學生會用這台小型電腦玩數學學習遊戲，以及閱讀互動式電子書。完成學校作業的時

候，學生會密集定期與智慧型教學導師合作。如果有問題，點一下知識寶庫就能得到答案。學習歷史的時候，學生可以參與以3D虛擬實境重構的歷史現場。

學生顯然想要數位學習環境，而這也是他們應得的。如果大人能夠提供，學生已經準備好而且也願意爲自己的學習負起更多責任。

除此之外，還有兩個團體也設計了教材來幫助教育者、政策制定者，以及其他教育新未來計畫。俄亥俄州的知識萬能基金會（KnowledgeWorks Foundation），以及未來研究院（Institute for the Future）共同提出「二〇二〇年預測」（2020 Forecast），圖示摘要全球改變的六大驅動力，跟每個驅動力相關的社會與科技趨勢，以及每個驅動力與趨勢的訊號。[4]以下介紹這六大驅動力以及相關趨勢：

1. **不一樣的身體**（Altered Bodies）：神經科學的發展讓我們對大腦與人類的行爲表現有了新的認識。氣候變遷、污染、戰爭、都市化帶來的外在威脅，正在對我們的身心帶來新的壓力。**相關趨勢**：強調健康、環境與學習的生態學校。
2. **增強的組織**（Amplified Organization）：數位原住民與合作科技將會增強人類能力，重新塑造組織。**相關趨勢**：全媒體識能（Transliteracy）要求跨各式媒體與社交平台的技能。

3.**彈性平台**（Platform for Resilience）：社會將面對能源、健康照護、金融方面等將會影響學校體系的分裂性衝擊，需要透過同盟與網絡適應改變，打造彈性。**相關趨勢**：網絡資源提供者的學習矩陣（Learning Grids）會建立新型學習設施。

4.**新式公民論述**（A New Civic Discourse）：社會網絡、參與式媒體，再加上群眾運動，將會帶來較爲「由下而上的」學習監督，學校將必須用新的方式來參與大眾。**相關趨勢**：學習共享空間（Learning Commons）讓教育人士發展公私立學校集體學習的新選擇。

5.**製造人經濟**（The Maker Economy）：新數位工具與開放原始碼平台將能讓社群分享知識與新商業經濟。**相關趨勢**：以社群爲基礎的製造（community-based manufacturing）帶來靈活、快速、客製化的製造。

6.**模式辨識**（Pattern Recognition）：線上互動與地理資訊系統帶來的資訊會讓公民、工作者、學習者生活中的「資料照片」成爲可能。能讓資料模式有意義的組織將能做出更好的決定。**相關趨勢**：圖像識能（Visual Literacy）工具會摘要大量資料。

知識萬能基金會的創意合作院（Institute for Creative Collaboration）舉辦工作坊，協助團體建立回應這些改變驅動力所需的新型學校與社會架構。它們的網站提供更新、部落格以及讓討論能夠持續的線上社群。

二〇〇九年，英國布里斯托的「未來實驗室」（FutureLab）公布「超越地平線」（Beyond Current Horizons）計畫，探討二〇二五年後未來教育的樣貌。⑤ 該計畫源自十八個月的計畫與磋商，最後依據六十多份白皮書提出三個世界觀與六個未來圖像。如同知識萬能的「二〇二〇年預測」，「超越地平線」考量眾多趨勢，例如更為密集、深入與多元的資訊地景；知識、人類與工具之間的隨時連結；科技逐漸接手先前由人類來做的工作時，人類與電腦之間正在改變的關係；以及在地方、實體位置、面對面人際關係仍然重要的同時，距離的縮短成為教育、工作與社交生活的決定性因素。

這樣的世界與圖像反映了英國的體系。在英國的體系，國家政府在教育提供方面扮演的角色大於美國。以下是「超越地平線」描述的世界與圖像：

世界一：在「相信自己」（Trust Yorself）的世界，政府補助與教育管理將減少，個人必須打造自己個人化的學習途徑。這個世界的圖像包括「有充分依據的選擇」（和導師一起訂下個人學習計畫），以及「獨立消費者」（學習者選擇教育市場）。

世界二：「忠誠點數」（Loyalty Points）。政府的角色是讓機構與個人之間能夠產生關係並加以管理。這個世界的圖像包括「發現」（個人評估自己如何能融入各種團體）以及「診斷」（學校評估學生的潛能，安排他們的職業與組織）。

世界三：「連結就對了」（Only Connect）。公民首先是社會的一分子，再來才扮演個人的角色。這個世界的圖像包括「整合的經驗」（教育的依據是不同社群的真實經驗）與「服務與公民」（注重服務學習與公民參與）。

「超越地平線」還提供免費線上「未來規畫者」（Future Mapper），支援新式學校設施與課程計畫，包括十三所英國學校的案例研究。「未來規畫者」提供投影片以及可用於小組會議的活動卡。

在以下的二〇二〇年圖像，你會發現許多與本書六大鋒面相呼應的元素：一所中學的學生，一週七天、一天二十四小時都能取得多媒體資訊；透過線上課程、錄音及網路與其他國家的青少年連結，學習第二語言；教師扮演的角色是學習經驗的嚮導、導師與管理者；整合科學與歷史的學習；以及以上一切都發生在七月這個月份。如果我和阿諾德要在八年後的今日修改這個圖像，我們會加上能放進學習者口袋的行動裝置，描述學習者參與社交網絡，以及家長不再需要問孩子今天學了什麼，他們可以透過家庭與學校之間的溝通系統取得最新資訊。

二〇〇二年這個願景寫成之後，有些願景中提到的科技快速發展，像是崛起的YouTube，讓學生可以發表文章的維基網站，以及可以在同學間分享作品的內容管理系統。其他科技則發展較爲緩慢，譬如3D模擬與人機聲音介面，不過目前的電玩遊戲與聲音辨識軟體讓我們看見這類型的科技將會不斷進步。

以下將與你分享一則故事，鼓勵你寫下「生活中的一天」故事，想像未來的學習可能會是什麼樣子。直接描述個別學生可以讓這些故事更爲明確。幾年前，我和知識萬能基金會總裁查德・威克（Chad Wick）參與過一家電信公司發起的活動。我們依據理想中的學生學習情景，從雜誌上剪下照片。我們接受該公司的訪問，他們利用我們提供的影像製作投影片，並用我們的話配上旁白與音樂。最後的成果很具啓發性，我們從彼此身上都學到點子。

如同本書介紹的六大鋒面，關於二〇二〇年的學校應該有什麼樣的面貌，種子已經存在於許多今日的學校。我希望本書介紹的一些計畫以及教室能夠提供靈感。正在展望未來的教育者、家長與社群領導者團體可以把這當成創意練習，一起提出二〇二〇年圖像。我參加過好幾場會議，會議中小組一起腦力激盪，利用小短劇或投影片呈現未來圖像。你也可以展現二十一世紀多媒體技能的精神，用各種形式的媒體來製作圖像，譬如詩、插圖、配有音效與視覺效果的投影片、戲劇或電影。盧卡斯藝術公司的格雷格・奈特用他的插畫讓我們的圖像生色不少。

製作你的圖像時，可以考慮請一些年輕人來幫你。透過影片分享網站，這些短篇媒體展示可以被交換，甚至在更大的觀衆群間出現不同版本。透過分享未來學習的點子，並把它們連結到今日具有創意的教室，我們可以從目前的基礎爲這個教育國打造未來。

我想用我最喜歡的一句話來爲本書作結，那是哲學家康德的名言：「現實證明了可能。」

一個年輕學習者生活中的一天：二〇二〇年願景

與阿諾德⑥

科技有助於克服學習的兩大敵人：孤立與抽象。

——喬治・盧卡斯

二〇二〇年七月十五日：在舊金山一個霧茫茫的夏日，十一歲的瑪麗亞正在用功，地點是學校。二〇〇七年的時候，她的學區不再採行九個月的學年制，人們認爲教與學應該是全年都在進行的活動，以前會有冗長的暑假是因爲孩子必須幫忙收割，但這已經不再適用後來的世界。瑪麗亞的學校看起來與感覺起來像是辦公室、公共圖書館、電影布景的綜合體。每個學生有一個小隔間，裡頭的布置展現了每個學生的個性與興趣。另外還有十個大型多媒體製作以及可以容納一個班級的研究中心。幾乎所有的設備都附著輪子，工作區可以輕鬆重新排列以配合特定學生活動的需求。學校設計的靈感來源爲明尼蘇達州創建於一九九五年的「環境研究學校」，當時這所學校是新式學校建築的先驅。

今天這個上課日開始的時候，教室四周滿滿是一組一組的學生。他們正在聊昨天晚上的線上討論，彼此分配工作，繼續完成地球科學課的作業。瑪麗亞和兩個同學瑟哈與奧斯瓦多坐在多媒體製作暨通訊站舒服的功能椅上，眼前是一個從前面或後面看都行的巨型高解析度發光顯示器，可以用聲音叫出各式各樣的影像、文字與數位影片。

奧斯瓦多天生視障，他利用輔助科技數位「視覺義眼系統」來看東西。這個系統包含裝在眼鏡上的迷你攝影機，以及訊號處理器與刺激視覺皮層的電極。「病患第一」（Patient Alpha）在二〇〇二年首先開發這項科技。不同於先前世代的視障學生，奧斯瓦多完全可以和視力正常的學生一起參與所有活動。奧斯瓦多命令學校伺服器：「給我們火山小組計畫。」然後和組員一起回顧他們上星期的進度。

他們的學習研究運用了「全球學習網絡」（Global Learning Network）。他們造訪夏威夷火山國家公園網站，目睹歷時數小時的火山噴發畫面，並且觀察火山學家如何追蹤與測量流動的熔岩，觀看他們接受訪問的畫面。網站提供一九八三年大島的基勞厄亞火山噴發時的３Ｄ縮時全像攝影。透過壓縮時間的縮時攝影，他們能夠目睹過去四十年的熔岩流。他們複製這個全像攝影檔案並放在教室裡，讓其他學生也能使用。

昨天戴上特殊虛擬實境頭盔後，他們進行了一堂熔岩地模擬之旅。他們感覺自己踩過舊熔岩，抵達鮮橘色熔岩流正在流向大海的地點。「那真是太酷了。」瑪麗亞微笑，「你可以聽見熔岩爆裂的聲音。」昨天晚上他們在自己家腦力激盪出一些問題，準備好今天要進行的火山專家訪問。瑟哈命令：「給我們昨天晚上的專訪問題。」

系統馬上在螢幕上顯示幾位學生的進度。他們準備視訊會議的時候，老師卡威麗・杜塔過來觀察他們的討論。「你們知道的，」她建議，「也可以了解一下火山對於幾世紀以前的夏威夷原住民來說有什麼樣的意義。他們信仰火的女神裴蕾。」老師告訴他們幾個可以搜尋的地方，並讓他們進入夏威夷大學的數位圖書館。她還建議他們查詢ＭＩＴ地質學家湯瑪士・傑格（Thomas Jaggar）開創性的研究。這位地質學家在一九一二年設立了夏威夷火山觀測站，說服國會將該地劃爲國家公園。

杜塔老師走到別處確認別組學生的情形。一名學生拿著火山岩標本，另一個人用手持式數位顯微鏡檢視那個標本，放大的影像投影在他們身後的大螢幕上。第三名學生則在觀看瑪麗亞那組提供的全像攝影。

瑪麗亞宣布：「好了，我們準備好訪問夏威夷火山國家公園的火山學家了。」國家公園翻譯主任哈洛德・李維特（Harold Levitt）出現在螢幕上，身上穿著國家公園服務巡警令人熟悉的綠制服。李維特回答學生的問題，帶他們瀏覽幾個影像螢幕，上面有基勞厄亞火山噴發的新聞影片與資料來源、火山的科學與化學原理

（包括硫磺煙霧帶來的危險），以及人類對於當地社群造成的影響，譬如蓋房子造成的生態破壞以及人數增加的觀光旅遊。瑪麗亞和同學可以從對準火山的攝影機即時觀察今天的熔岩流，欣賞熾熱熔岩碰到冰冷海水時形成的黑沙。

瑪麗亞問：「幾個星期前，我們這裡發生小型地震。感覺地面在搖晃，但沒有災情。地震和火山之間有什麼關聯？」李維特在另一個螢幕上叫出板塊構造學說的模擬畫面，讓他們看地球的斷面圖以及幾個不同海拔的衛星空照圖，上面附有指出灣區以及舊金山地震斷層帶的圖解。另外，李維特還告訴他們如果需要其他專家，可以聯絡灣區的美國地質調查局辦公室。瑪麗亞和同學在他們正在進行的計畫記錄中做了一個聲音筆記，提醒自己要請老師舉行校外教學並查看地質調查局的網站。

他們和國家公園的李維特進行二十分鐘的訪談，將訪談儲存在學校伺服器上，收進計畫資料庫。之後他們快速檢視影片的逐字稿，在他的話上做記號，做為最終多媒體報告的參考。這堂兩小時的課結束時，他們做了多媒體摘要，訂出接下來碰面的時間，並且分配下次見面前要完成的回家作業。每個人都複製了一份今天的工作檔案放在他們的電子背包裡。他們的背包是耐用的行動個人電腦與通訊機，每學年開學時，每個學生會「瀏覽」一下那些裝置，就像從前發紙本課本的時代一樣。瑪麗亞的數位背包讓她下午走幾個街區到父親辦公室的時候，還可以花更多時間完成她的火山作業。當她在等父親下班，就用數位背包連上學校的圖書館資訊系統以及無所不在的無線網路。

瑪麗亞搜尋連結，瀏覽夏威夷神話網頁。她在螢幕上觀看女神裴蕾的一支簡短影片，然後記錄一些聲音筆記，明天上學可以和小組成員分享。晚上回到家後，瑪麗亞在家庭娛樂室練習中文。她一直在利用線上語言學習系統練習基本的中文對話以及讀寫能力，希望有一天能造訪中國。她的妹妹索妮雅喜歡在旁邊看，兩個人坐在一起，面前是一個與學校設備很像的多媒體螢幕。兩個人都拿著當成中英字典的手持式數位裝置，可以雙向查詢單字與片語，文字和語音的都可以。她們還能把自己唸出的詞彙儲存起來。

瑪麗亞命令電腦：「請顯示足球那一課。」課程一開始是中國足球明星陳明德正在繞過巴西防守球員的畫面，他一腳把球踢進網子邊緣成功得分。球賽的實況報導以中文進行，螢幕下方的圖示同時顯示羅馬拼音與中文字。報導每說出一個字，拼音與中文字就會發亮。瑪麗亞練習這個情境的發音時，系統會提供回饋，讓她聽見自己唸了什麼，然後提供數位糾正版本，確認她的中文四聲調能進步。對英語人士來說，四聲調是困難的挑戰。

透過這個線上系統，瑪麗亞還能跟其他國家和她擁有類似興趣的學生交談，做語言交換。「請讓我和曉陽說話。」瑪麗亞說。她命令系統打電話給她的網友趙曉陽。十一歲的曉陽住在上海，暱稱是XYZ。XYZ出現在螢幕上，她那邊是學校自助餐廳的午餐時刻。XYZ練習英文，瑪麗亞則練習中文，彼此糾正對方的字彙與發音。她們約定好要各自製作短片並在下星期寄出去，向對方介紹自己的家人。

瑪麗亞提到她正在做學校的火山報告，XYZ想起自己在地理課上過富士山。富士山的命名就是來自日本古老的火之女神。瑪麗亞用聲音筆記記下XYZ提供的資訊，然後寄給同學當作延伸研究題材的建議。瑪麗亞結束對話並登出的時候，她的父親進入房間，問她一個好幾世代以來父母都會問的古老問題：「你今天在學校做了什麼？」瑪麗亞興奮地描述她的一天，告訴父親她等不及明天要回到學校。父親驚奇地搖著頭。他回想：「這真是讓人難以想像，二十年前我們只有網路而已。」

一九六一年我在班奈特小學讀四年級的照片。第三排、右邊數起第四個戴著蝶形領結的人是我。

NBC《大鳥在中國》（*Big Bird in China*）組員與班底，一九八二年長城拍攝工作結束後。我當時是製作助理，站在大鳥旁邊。

喬治・盧卡斯教育基金會工作人員在舊金山的員工戶外營。

我和喬治·盧卡斯檢視教育理想國網站記錄片與網站內容。

阿拉斯加州安克拉治的五年級學生。他們在數學課練習社交情緒聆聽與溝通技巧。

安克拉治五年級學生進行「魚缸」上課方式：大群學生圍繞著桌邊小組，聽他們討論數學概念並記筆記。

達倫・艾特克森（Darren Atkinson）六年級班級日常朝會，路易維爾市。學生建立互信，公開討論霸凌等主題。

費城應用自動機械科學學校學生。由左至右是約瑟夫·朴（Joseph Pak）、莎曼沙·萊特（Samantha Wright）與莉亞·艾克沙（Leah Exum），他們正在討論 K-1 Attack 的前軸與電動馬達。

傑佛瑞·丹尼爾（Jeffrey Daniels）替得獎的 K-1 Attack 驅動系統切割金屬。

席蒙．郝格坐在 K-1 Attack 車子裡，後面是他的西費城 EVX 團隊。

西費城 EVX 團隊高中學生不只設計油電混和車，還利用大豆燃料親自打造每加侖可跑五十五英里的酷炫車子。

加州奧克蘭 MetWest 高中學生寶拉·派瑞拉（Paula Pereira）每週兩次在百老匯寵物醫院（Broadway Pet Hospital）工作，整合職場經驗與專題式學習。

主廚艾麗絲·華特斯的「可食校園」計畫，於加州柏克萊。馬丁·路德·金恩初中學生栽種與烹煮自己的食物，體驗完整的「種子到餐桌體驗」。

中學生試吃自己學校果園的新鮮有機無花果，這是「可食校園」計畫之一。

土桑歌劇團演員與老師合作讓語言活起來，增加學生閱讀成就。

緬因州中學生造訪地方湖泊，利用連接至筆電的數位顯微鏡，檢視湖水抽樣。

一位由譯者陪同的教師（坐在右方的兩人）做家庭訪問，討論學生進度。這是沙加緬度老師家庭訪問計畫。

YES 北中央區預備學校教師布萊恩・里德（Bryan Reed）使用筆電與學生、學生母親會面，討論如何遵守他們與學校簽訂的家庭契約。

八年級的維吉尼亞在她位於喬治亞州卡米拉的學校教導年輕學生網路安全的概念。

奧勒岡州康尼露斯高年級高中生路易士與英特爾四健會科技高手團隊一起合作，使用手持式裝置與數位相機記錄城市樹木資料。

本書〈跋〉的故事「年輕學習者生活中的一天」示意插圖：二○二○年一間舊金山教室。前方學生正在與國家公園管理處人員舉行視訊會議。其他人則在討論基勞厄亞火山熔岩流的縮時影片。

瑪麗亞晚上回到家後和中國的曉陽聊天，曉陽幫她學習足球這個中文詞。瑪麗亞錄下自己的話並播放，以改善發音。

註釋

前言

①Davis, M. (2008). *Street gang: The complete history of Sesame Street* (pp. 139-140). New York: Viking.

導讀

①National Center for Education and the Economy. (2006). *Tough choices or tough times.* San Francisco: Jossey-Bass.

②Barber, M., & Mourshed, M. (2007, September). *How the world's best performing school systems come out on top*. McKinsey & Company. Retrived from www.mckinsey.com/App_Media/Reports/SSO/ Worlds_School_Systems_Final.pdf.

③約翰・梅若的記錄片請見：http://learningmatters.tv/blog/documentaries/first-to-worst-the-documentary/651。

④Hagel, J., & Brown, J. S. (2005). *The only sustainable edge: Why business strategy depends on productive friction and dynamic specialization* (pp. 10-11). Cambridge, MA: Harvard Business School Press.

1 思想鋒面

①Dewey, J. (1990). *The school and society and The child and the curriculum.* Chicago: University of Chicago Press.

②Ibid., 7.

③Ibid., 7.

④Duncan, A. (2009, September 6). How parents can support kids. *Parade.* Accessed at www.parade.com/news/2009/09/06-howparents- can-support-kids.html.

⑤Ibid.

⑥Dewey, *School and society,* 75-76.

⑦Leonard, G. (1987). *Education and ecstasy* (2nd ed.). Berkeley, CA: North Atlantic Books, pp. ix-x.

⑧Ibid., 138.

⑨Ibid., 14-15, 16.

⑩Ibid., x-xi.

⑪Ibid., 248-256.

⑫Blackwell, L. S., Trzesniewski, K. H., & Dweck, C. S. (2007, January/February). Implicit theories of intelligence predict achievement across an adolescent transition: A longitudinal study and an intervention. *Child Development* 78(1), 246-263.

⑬全國公共電台故事請見：Npr.org/templates/story/story.php?storyId=7406521。

⑭Blackwell et al., Implicit theories of intelligence, 254.

⑮Dweck, NPR interview.

⑯Blackwell et al., Implicit theories of intelligence, 256.

⑰Ibid., 259-260.

⑱Dweck, C. (2006). *Mindset: The new psychology of success*. NewYork: Random House.

⑲「腦學」軟體資訊請見：www.brainology.us。

⑳「建築舊金山」的原始教育理想國報導請見：www.edutopia.org/learning-design。另外，我們也提供更詳細的訪問內容、教案與文章，請見：www.edutopia.org/new-day-for-learning-two。

㉑艾倫・邁爾的專欄請見：www.edutopia.org/search/node/moir。

㉒「美國記憶」是包羅萬象的免費美國歷史多媒體資料庫，收有文字資料、聲音檔、照片、影片、地圖、音樂資料，並分爲廣告、非裔美國人歷史、法律、政府、文學、總統、軍事戰爭、女性歷史等二十三個類別。請見：http://memory.loc.gov/ammem/index.html。

2 課程鋒面

①巴克教育研究所「專題式學習」定義請見官網：www.bie.org。

②巴克教育研究所的「專題式學習手冊」與「專題式學習入門者錦囊」可以上網訂購：www.bie.org/tools。Boss, S., & Krauss, J. (2007). *Reinventing project-based learning: Your field guide to real-world projects in the*

Digital Age. Washington, DC: International Society for Technology in Education。

③Barron, B., & Darling-Hammond, L. (2008). *Powerful learning: Studies show deep understanding derives from collaborative methods*. Accessed at www.edutopia.org/inquiry-project-learning-research。本書引用的段落摘錄自：Darling-Hamond L., Barron, B., Pearson, P. D., Schoenfeld, A. H., Stage, E. K., Zimmerman, T. D., Cervetti, G. N., & Tilson, J. L. (2008). *Powerful learning: What we know about teaching for understanding*. San Francisco: Jossey-Bass。進一步的「專題式學習」研究請見巴克教育研究所網站：www.bie.org/research，如 Interdisciplinary Journal of Problem-Based Learning 2009 年期的文章。

④Lederman, L. (2007). *Out with the old, in with new science*. Accessed at www.edutopia.org/out-with-the-old-in-with-new-science.

⑤該文請見：www.edutopia.org/start-pyramid。

⑥該影片請見：www.edutopia.org/clear-view-charterelementary-school。

⑦我在二〇〇一年更新了教育理想國《學習與生活》故事：www.edutopia.org/bugscope-magnifying-connection-betweenstudents-science-and-scientists。「昆蟲顯微鏡」計畫請見：http://bugscope.beckman.illinois.edu。

⑧指導團隊成員包括：John Bransford, Susan Mosborg, Walter Parker, Nancy Vye, and JohnWilkerson from the University of Washington；John Brill, Adrienne Curtis, Amber Graeber, Marian McDermott, Don Myers, and Katherine Piper from the Bellevue School District；and Steve Arnold and Milton Chen from GLEF.

⑨www.edutopia.org/auto-motive-teens-build-award-winningelectric-cars.

⑩此一《今日秀》單元報導，請見：today.msnbc.msn.com/id/26184891/vp/33394453#33394453。

⑪進步保險公司 X 大賽結果請見：www.progressiveautoxprize.org。

⑫肯・羅賓森爵士的談話請見：www.edutopia.org/takechance-let-them-dance。也可參考 Robinson, K. (2008). *The element: How finding your passion changes everything*. New York: Viking。

⑬全國學院基金會網站：http://naf.org。

⑭「聯結」（ConnectEd）進一步資訊請見：www.connectedcalifornia.org/index.php。

⑮Orr, M. T., Bailey, T., Hughes, K. L., Karp, M. M., & Kienzl, G. S. (2004). *The National Academy Foundation's Career Academies: Shaping postsecondary transitions*. New York: Institute on Education and the Economy, Teachers College, Columbia University

⑯www.mdrc.org/publications/482/overview.html.

⑰Studier, C. (Ed.). (2008, May). *Evidence from California Partnership Academies: One model of pathway programs*. Berkeley, CA: ConnectEd。進一步資訊請見：www.connectedcalifornia.org/pathways/evidence.php。

⑱「合夥爲二十一世紀技能」、「二十一世紀學習架構」以及全球意識扮演的角色，進一步資訊請見：www.21stcenturyskills.org。

⑲「學校國際教育各州聯合組織」地圖請見：http://asiasociety.org/node/8740。

⑳相關故事請見：www.edutopia.org/globaldimension- walter-payton；www.edutopia.org/ohayo-portland；以及 www.edutopia.org/digital-generation-profile-dylan-video，或造訪 www.edutopia.org 並搜尋校名。ThinkQuest 競賽請見：www.thinkquest.org/competition。

㉑亞洲協會與美國地理學會網站請見：www.asiasociety.org/education-learning 與 www.nationalgeographic.com/

foundation/index.html。

㉒教育理想國的尹娃・拉瑪課堂報導請見：www.edutopia.org/geo-literacy-forging-new-ground。拉瑪的「地緣知識」網站請見：www.geolit.org。

㉓Dillon, S. (2010, January 21). Foreign languages fade in class—except Chinese. *New York Times*, p. A20。「應用語言學中心」執行摘要介紹請見：www.cal.org/projects/Exec%20Summary_111009.pdf。

㉔亞洲協會的「中文運動」請見：www.asiasociety.org/education-learning/chinese-languageinitiatives。

㉕Daley, E. (2003). Expanding the concept of literacy. *Educause*, 182-183. The article can be accessed at http://net.educause.edu/ir/library/pdf/ffpiu027.pdf.

㉖此一喬治・盧卡斯影片訪問請見：www.edutopia.org/george-lucas-teaching-communication。

㉗「電影的故事」教材請見：www.storyofmovies.org。

㉘Gardner, H. (2000). *Intelligence reframed: Multiple intelligences for the twenty-first century*. New York: Basic Books.

㉙此一影片爲 *Academics and Architecture*，請見：www.edutopia.org/mountlake-terrace-geometry-design-video。

㉚Durlak, J. A., Weissberg, R. P., Dymnicki, A. B., Taylor, R. D., & Schellinger, K. B. (in press). The impact of enhancing students' social and emotional learning: A meta-analysis of school-based universal interventions. *Child Development.*

㉛該文以及「好學校」案例研究影片及其他相關資料，請見：www.edutopia.org/louisville-sel-schools-that-work。

㉜CASEL網站：casel.org。

㉝www.edutopia.org/appropriate-assessments-reinvigoratingscience-education.

㉞www.edutopia.org/assessment-overview.

㉟www.edutopia.org/assessment-linda-darling-hammond-webinar。相關議題的社群討論請見：www.edutopia.org/groups/assessment/8306。

㊱Darling-Hammond, L., & Wentworth, L. (2009, September). *Assessing 21st century skills around the world: College and career readiness in four high-achieving nations*. Stanford, CA: Stanford University.

3 科技鋒面

①教育理想國二〇〇五年緬因州筆電計畫報導請見：www.edutopia.org/leading-laptops。

②The Mott Hall 1:1 laptop program is profiled at www.edutopia.org/laptops-all.

③南緬因州大學教育政策、應用研究暨評估中心的完整研究請見：www.usm.maine.edu/cepare/mlti.htm。

④二〇一〇年教育理想國「好學校」緬因報導請見：www.edutopia.org/maine-project-learning-schoolsthat-work。

⑤緬因州數位學習國際中心網站：www.micdl.org。「美國數位學校」二〇〇八網站：www.ads2008.org。將膝上電腦帶到發展中國家的「兒童人手一台膝上電腦」請見 aptop.org/en。

⑥Rothman, R. (2010). Online testing, version 1.0. *Harvard Education Letter, 26*(2), 1-2, 5-6.

⑦Shirely, K. E-mail interview, February 10, 2010.

⑧加州埃斯孔迪多學區 iRead Web 網站：https://sites.google.com/a/eusd.org/eusd-iread。Wiki 資源網站請見：http://wiki.canby.k12.or.us/groups/podusergroup。

⑨Zevin, J. (2000). Social Studies for the Twentieth Century.Mahwah, NJ: Erlbaum. Cantu, D. A., &Warren, W. (2003). *Teaching History in the Digital Classroom.* Armonk, NY: Sharpe. West, J., & West, M. (2009). Using Wikis for Online Collaboration. San Francisco: Jossey-Bass.

⑩Educationalwikis.wikispaces.com.

⑪安東尼・阿姆斯壯的教室 wiki 請見：web.me.com/aarmstrong/History/Welcome.html 與 delmarhistory8.wikispaces.com/message/list/Rise+of+Political+Parties+Pt.+II。

⑫紐約州希臘學區的蘇格拉底課程資訊請見：www.greece.k12.ny.us/instruction/ela/socraticseminars/responsibilitiesofparticipants/htm。

⑬Educationalwikis.wikispaces.com.

⑭Smith, M. S. (2009). Opening education. *Science 323*, 89-93.

⑮Hernandez-Ramos, P., & De La Paz, S. (2009). Learning history in middle school by designing multimedia in a project-based learning experience. *Journal of Research on Technology in Education 42*(2), 151-173.

⑯Sloan Consortium (2009). *K–12 online learning: A survey of U. S. school district administrators*。報導請見：www.sloanconsortium.org/sites/default/files/k-12_online_learning_2008.pdf。

⑰www.inacol.org.

⑱教育理想國的線上學習報導請見：www.edutopia.org/high-school-dot-com、www.edutopia.org/onlinelearning-florida-virtual-school、www.edutopia.org/professional-development-through-learning-communities。

⑲Patrick, S., & Powell, A. (2009). *A summary of research on the effectiveness of K–12 online learning.* Vienna, VA: International Association for K-12 Online Learning。報導請見：www.inacol.org/research/docs/NACOL_ResearchEffectivenesslr.pdf。

⑳Florida Tax Watch Center for Educational Performance and Accountability. (2007). *A comprehensive assessment of Florida Virtual School*. Tallahassee: Florida Tax Watch Center for Educational Performance and Accountability.

㉑Mazur, E. (2009). Farewell, lecture. *Science 323*, 50-51.

㉒Gibbons, J., Kincheloe, W. R., & Downs, K. S. (1977). Tutored videotape instruction. *Science 195*, 1139-1146.

㉓美國教育部二〇〇九年年度報告書與相關報導請見：http://nationsreportcard.gov/reading 2009。

㉔http://teacher.scholastic.com/products/read180.

㉕Hasselbring, T. (2010, March 18). *Why technology can make a difference*. Presentation at Scholastic 21st Century Learning Summit, Boston.

㉖Ibid.

㉗Slavin,R. E., Cheung,A., Groff, C., Lake, C. (2008). Effective reading programs for middle and high school students: A best-evidence synthesis. *Reading Research Quarterly 43*(3), 292-322.

㉘Papalweis, R. (2004). Struggling middle school readers: Successful, accelerating intervention. *Reading Improvement 41*(1), 24-37.

㉙Visher, M., & Hartry, A. (2007). *Can after-school programs boost academic achievement? An impact evaluation of a reading intervention in an after-school program*. Berkeley, CA: MPR Associates.

㉚哈佛教育研究所「河流市」計畫請見：http://muve.gse.harvard.edu/rivercityproject。

㉛Clarke, J., & Dede, C. (2009). Design for scalability: A case study of the River City curriculum. *Journal of Science Education and Technology*, *18*, 353-365.

㉜「我們的法院」網站請見：http://ourcourts.org。歐康納大法官的報導請見："Courting Kids: An Interview with Sandra Day O'Connor," in *NEA Today*，也可以造訪 www.nea.org/home/38146.htm。

㉝亨利・簡金斯的評論請見教育理想國「數位世代計畫」摘要影片：www.edutopia.org/digital-generation。

㉞「追尋學習」學校網站請見：http://q2l.org。

㉟教育理想國的遊戲、擬眞與麥金里高中報導請見：www.edutopia.org/no-gamer-left-behind 與 www.edutopia.org/digital-generationgame-design-video。

㊱免疫攻擊遊戲請見：http://fas.org/immuneattack。

㊲賈斯汀的「數位世代」側寫請見：www.edutopia.org/digital-generation-profile-justin。

㊳大衛・羅斯爲二〇〇四年教育理想國「十二勇士」，詳情請見：www.edutopia.org/node/1190#rose。

㊴國家科技創新中心的網站請見：www.nationaltechcenter.org。

㊵教育理想國「協助性科技」報導請見：www.edutopia.org/assistivetechnology；www.edutopia.org/assistive-technology-enhances-learning-all；www.edutopia.org/assistive-technology-albano-berberi-video。

㊶Lucas, G. (2000).We all have special needs. *Edutopia* newsletter. San Rafael, CA: The George Lucas Educational Foundation.

㊷蘇格蘭「發光」學習網請見：Glowscotland.co.uk。

㊸羅瑞・歐唐納獲選爲「十二勇士／全球六人」創新者的報導請見教育理想國網站：www.edutopia.org/

laurie-odonnell。

㊹蘇格蘭教師利用「發光」計畫的「共享做法」故事請見 www.ltscotland.org.uk/glowscotland/sharingpractice/index.asp。

4 時空鋒面

①此一網路校車報導請見：www.nytimes.com/2010/02/12/education/12bus.html。

②馬可・陶瑞斯與學生的故事請見：www.edutopia.org/san-fernando-education-technology-team。

③Chen, M. (1994). *The Smart Parent's Guide to Kids' TV.* San Francisco: KQED Books.

④M 2世代研究與投影片請見：www.kff.org/entmedia/mh012010pkg.cfm 與 http://slides.kff.org/chart.aspx?ch=1351。

⑤《兩百萬分鐘》影片資訊請見：www.2mminutes.com。

⑥《時間囚徒》報告請見：www2.ed.gov/pubs/PrisonersOfTime/Prisoners.html。

⑦Ibid.

⑧西狄蒙學校請見：www.edutopia.org/schools-hubs-community-west-des-moines。

⑨兒童救援協會與紐約中學的合作請見：www.edutopia.org/childrens-aid-societyvideo。

⑩《學習的新日》報告可下載自：www.newdayforlearning.org/about.html 與 www.edutopia.org/newday-for-learning。

⑪相關媒體請見：www.edutopia.org/new-dayfor-learning。

⑫Mead, M., & Metraux . R. (1957). Image of the scientist among high school students. *Science 126,* 384-390.

⑬「課後企業」自然課程進一步資訊與影片請見：www.tascorp.org/section/what_we_do/developp_rogram_models/science。

⑭全國暑期學習協會的網站請見：www.summerlearning.org。

⑮得獎者資訊請見：www.summerlearning.org/?page=excellence_finalists。

⑯Louv, R. (2005). *Last child in the woods: Saving our children from nature-deficit disorder.* Chapel Hill, NC: Algonquin, 00.

⑰教育理想國「可食校園」報導請見：www.edutopia.org/edible-schoolyard-video。

⑱「維爾第花園」影片請見：http://vimeo.com/931539。

⑲Stone, M. K. (2009). *Smart by nature: Schooling for sustainability*. Healdsburg, CA: Watershed Media.

⑳環境保護署教育活動網站請見：www.epa.gov/Education。北美環境教育協會請見：www.naaee.org。場域教育評量合作組織請見：www.peecworks.org。「全球學習與觀察以支援環境」計畫請見 www.globe.gov。

㉑帝王蝴蝶遷徙計畫請見：www.edutopia.org/journey-north。「自然繪圖」計畫請見：www.edutopia.org/naturemapping。「環境研究學校」請見：www.edutopia.org/schoolenvironmental-studies。

㉒「亨利福特學校」介紹請見：www.edutopia.org/it-takesvillage-and-museum。

㉓史蒂芬・賓格勒的文章請見：www.edutopia.org/community-based-school-planning-if-not-now-when。其他學校建築網路資源請見：www.edutopia.org/its-allhappening-zoo-school 與 www.edutopia.org/prakash-nair。

㉔「費瑞威學校」影片請見：www.edutopia.org/ferryway-video。

㉕教育理想國學生研究漏油事件報導請見：www.edutopia.org/project-wise-environmentalscience。

㉖National Parks Second Century Commission (2009). *Advancing the national park idea* (p. 24). Washington, DC: National Parks Conservation Association。報導請見：www.npca.org/commission.

5 合作教學鋒面

①Barber, M., & Mourshed, M. (2007).*Howtheworld's best-performing school systems come out on top*. McKinsey。報導請見：http://www.mckinsey.com/clientservice/Social_Sector/our_practices/Education/Knowledge_Highlights/Best_performing_school.aspx。

②National Center for Education and the Economy. (2007). *Tough choices or tough times*. San Francisco: Jossey-Bass.

③教育理想國示範教師教育計畫報導請見：www.edutopia.org/schools-of-education-boston。

④土桑市「以藝術打開心智」影片與文章請見：www.edutopia.org/arts-opening-mindsintegration-video。

⑤Flocabulary 網站請見：www.flocabulary.com。

⑥請參考〈教師運用數位媒體改造莎士比亞〉一文：www.edutopia.org/teaching-shakespeare-digital-media。

⑦「航空高中」影片及網路資源請見：www.edutopia.org/pbl-action-wing-strength-design-project。艾娃・利德爾的十年級建築設計計畫請見：www.edutopia.org/mountlake-terrace-high-school。

⑧相關教育理想國「合作教學」的範例請見「建築舊金山」計畫：www.edutopia.org/learning-design。都會學院：www.edutopia.org/learning-one-one。「艾克米動畫」：www.edutopia.org/animation-dreams。

⑨McLaughlin, M., Mergen, A., & Singleton, G. (2009). *What the world hears* (p. 34). San Francisco: California Poets in the Schools.

⑩沙加緬度老師家庭訪問計畫影片與報導請見：www.edutopia.org/making-connectionsbetween-home-and-school。

⑪YES預備學校的影片與相關教材，包括學校家庭契約，請見：www.edutopia.org/yes-prepparent-involvement-video。

⑫「學校迴路」網站請見：www.schoolloop.com。馬克・葛羅斯的文章〈由內往外看：讓學生看到世界〉（Inside, Looking Out: Students Get the Picture）描述自己在班上架設網站，替他們沒有窗戶的教室蒐集世界各地的照片。請見：www.edutopia.org/inside-looking-out。

⑬Hart, B., & Risley, T. R. (1995). *Meaningful differences in the everyday experiences of young American children*. Baltimore: Brookes.

⑭Comer, J. (1988). *Maggie's American dream: The life and times of a black family.* New York: Penguin.

6 青春鋒面

①McLaughlin, M., Mergen, A., & Singleton, G. (2009). *What the world hears* (p. 15). San Francisco: California Poets in the Schools.

②艾倫・杜爾林的探險之旅網站請見：http://polarhusky.com。

③教育理想國的「數位世代」報導請見：http://edutopia.org/digital-generation。

④「數位世代」網站請見：www.edutopia.org/digital-generation-themes。使用者可以瀏覽連結，觀看年輕人參與創造、合作與教學的情景。

⑤Ito, M., Horst, H., Bittanti, M., Boyd, D., Herr-Stephenson, B., Lange, P. G., Pascoe, C. J., & Robinson, L. (2008, November). *Living and learning with new media: Summary of findings from the Digital Youth Project*. MacArthur Foundation Reports on Digital Media and Learning。相關報導請見：http://digitalyouth.ischool.berkeley.edu/report。

⑥克萊・舍基的ＴＥＤ演講請見：www.ted.com/talks/clayshirky_how_cellphones_twitter_facebook_can_make_history.html。

⑦「ＹＥＳ世代」網站請見：http://genyes.org。

⑧相關影片及文章請見：http://edutopia.org/generation-yes-technology-training。

跋：未來鋒面

①Rogers, E. (2003). *Diffusion of innovations* (5th ed.). New York: Free Press.

②U.S. Department of Commerce, Office of Technology Administration. (2002). *2020 Visions: Transforming education and training through advanced technologies*. Washington, DC: U.S. Department of Commerce.

③《願景二〇二〇點二》學生看法請見：www2.ed.gov/about/offices/list/os/technology/plan/2004/site/documents/visions_20202.pdf。

④「二〇二〇年預測」請見：www.kwfdn.org/future_of_learning。

⑤「超越地平線」網站請見：www.beyondcurrenthorizons.org.uk。

⑥Chen, M., & Arnold, S. D. (2002). A day in the life of a young learner: A 2020 vision. In *2020 Visions*: *Transforming education and training through advanced technologies*. Washington, DC: U.S. Department of Commerce

網站推薦

以下是本書六大鋒面中提到的網路資源。網址變動是很常見的情形，如果連不進的話，請在搜尋引擎輸入相關資訊。

1 思想鋒面

The Brainology® Program

www.brainology.us

〈學生對於智力能幫助成績的看法〉（Students' View of Intelligence Can Help Grades），全國公共電台報導，作者 Michelle Trudeau

www.npr.org/templates/story/story.php?storyId=7406521

教育理想國「建築舊金山」報導

www.edutopia.org/learning-design

另外，我們也提供更詳細的訪問內容、教案與文章。請見

www.edutopia.org/new-day-for-learning-two

艾倫・邁爾的專欄請見

www.edutopia.org/search/node/moir

「美國記憶」資料庫請見

http://memory.loc.gov/ammem/index.html

2 課程鋒面

〈拋棄舊事物，迎向新科學〉（Out with the Old, In with New Science）報導，作者 Leon Lederman

www.edutopia.org/out-with-the-old-in-with-new-science

〈真實世界議題激發學生〉（Real-World Issues Motivate Students）報導，作者 Diane Curtis

www.edutopia.org/start-pyramid

《學習與生活：特許小學面面觀》（*Learn & Live: Clear View Charter Elementary School*）影片

www.edutopia.org/clear-view-charter-elementary-school

〈昆蟲顯微鏡：擴大學生、科學與科學家之間的連結〉（Bugscope: Magnifying the Connection Among Students, Science, and Scientists）

www.edutopia.org/bugscope-magnifying-connection-between-studentsscience-and-scientists

「昆蟲顯微鏡」計畫

http://bugscope.beckman.illinois.edu/

〈自動推進：青少年打造得獎電動車〉（Auto Motive: Teens Build Award-Winning Electric Cars）文章，作者 Ginny Phillips

www.edutopia.org/auto-motive-teens-build-award-winning-electric-cars

《今日秀》的汽車學院單元報導

show.http://today.msnbc.msn.com/id/26184891/vp/33394453#33394453

進步保險公司 X 大賽結果

www.progressiveautoxprize.org

〈學校必須重視藝術表達〉（Schools Must Validate Artistic Expression），作者 Sir Ken Robinson。文章與談話影片請見

www.edutopia.org/take-chance-let-them-dance

全國學院基金會網站

http://naf.org

「聯結」進一步資訊請見

www.connectedcalifornia.org/index.php

「職業學院」報導

www.mdrc.org/publications/482/overview.html

來自加州夥伴學院的證據。進一步資訊請見

www.connectedcalifornia.org/pathways/evidence.php

「合夥爲二十一世紀技能」、「二十一世紀學習架構」，以及全球意識扮演的角色，進一步資訊請見

www.21stcenturyskills.org

華特培頓大學、波特蘭語言沉浸計畫、新罕布夏州青少年狄蘭資訊，請見

www.edutopia.org/global-dimension-walter-payton

www.edutopia.org/ohayo-portland

www.edutopia.org/digital-generation-profile-dylan-video

或請造訪 *edutopia.orge* 並搜尋校名

ThinkQuest 競賽資訊

www.thinkquest.org/competition

亞洲協會網站

www.asiasociety.org/education-learning

美國地理學會網站

www.nationalgeographic.com/foundation/index.html

教育理想國尹娃・拉瑪課堂報導

www.edutopia.org/geo-literacy-forging-new-ground

拉瑪的「地緣知識」網站

www.geolit.org

亞洲協會的「中文運動」

www.asiasociety.org/education-learning/chinese-language-initiatives

喬治・盧卡斯訪問影片

www.edutopia.org/george-lucas-teaching-communication

「電影的故事」教材

www.storyofmovies.org

CASEL網站

casel.org

〈復甦科學教育的適當評鑑〉（Appropriate Assessments for Reinvigorating Science Education）文章，作者 Bruce Alberts

www.edutopia.org/appropriate-assessments-reinvigorating-scienceeducation

綜合評量考試的影片

www.edutopia.org/assessment-overview

史丹福教授達林—韓蒙德在兩次免費的獨特網路演講，討論她的國際標準與評量研究

www.edutopia.org/assessment-linda-darling-hammond-webinar

相關議題的社群討論

www.edutopia.org/groups/assessment/8306

3 科技鋒面

「好學校」系列

www.edutopia.org/schools-that-work

「緬因州數位學習國際中心」網站

www.micdl.org

「美國數位學校」二〇〇八網站

www.ads2008.org

將膝上電腦帶到發展中國家的「兒童人手一台膝上電腦」

http://laptop.org/en/

加州埃斯孔迪多學區 iRead Web 網站

https://sites.google.com/a/eusd.org/eusd-iread/

Wiki 資源網站

http://wiki.canby.k12.or.us/groups/podusergroup/

教育 wiki 網站

educationalwikis.wikispaces.com

安東尼・阿姆斯壯的教室 wiki

http://web.me.com/aarmstrong/History/Welcome.html

http://delmarhistory8.wikispaces.com/message/list/Rise+of+Political+Parties+Pt.+II

紐約州希臘學區的蘇格拉底課程資訊

www.greece.k12.ny.us/instruction/ela/socraticseminars/responsibilitiesofparticipants/htm

http://web001.greece.k12.ny.us/files/filesystem/GRTCN_Socratic_Seminars.pdf

「K-12 年級網路學習」報告

www.sloanconsortium.org/sites/default/files/k-12_online_learning_2008.pdf

國際 K-12 網路學習協會

www.inacol.org

教育理想國的線上學習報導

www.edutopia.org/high-school-dot-com

www.edutopia.org/online-learning-florida-virtual-school

www.edutopia.org/professional-development-through-learning-communities

Scholastic 的 Read180

http://teacher.scholastic.com/products/read180

蘇格蘭「發光」學習網

http://Glowscotland.co.uk

4 時空鋒面

網路校車報導

www.nytimes.com/2010/02/12/education/12bus.html

馬可．陶瑞斯與學生的故事

www.edutopia.org/san-fernando-education-technology-team

M2世代研究與投影片

www.kff.org/entmedia/mh012010pkg.cfm

slides.kff.org/chart.aspx?ch=1351

《兩百萬分鐘》影片資訊

www.2mminutes.com

西狄蒙學校

www.edutopia.org/schools-hubs-community-west-des-moines

「兒童救援協會」與紐約一所中學的合作
www.edutopia.org/childrens-aid-society-video

《學習的新日》更多資訊
www.edutopia.org/new-day-for-learning

「課後企業」自然課程進一步資訊與影片
www.tascorp.org/section/what_we_do/develop_program_models/science

「全國暑期學習協會」網站
www.summerlearning.org

得獎者資訊
www.summerlearning.org/?page=excellence_finalists

「維爾第花園」影片
http://vimeo.com/931539

生態知識中心
www.ecoliteracy.org

帝王蝴蝶遷徙計畫
www.edutopia.org/journey-north

「自然繪圖」計畫
www.edutopia.org/naturemapping

環境研究學校

www.edutopia.org/school-environmental-studies

「亨利福特學校」介紹

www.edutopia.org/it-takes-village-and-museum

史蒂芬・賓格勒的文章、「動物園學校」影片、普拉卡許・內爾的文章

www.edutopia.org/community-based-school-planning-if-not-now-when

www.edutopia.org/its-all-happening-zoo-school

www.edutopia.org/prakash-nair

「費瑞威學校」影片

www.edutopia.org/ferryway-video

教育理想國學生研究漏油事件報導

www.edutopia.org/project-wise-environmental-science

國家公園第二世紀委員會的報告

www.npca.org/commission

5 合作教學鋒面

教育與經濟國家研究中心

www.ncee.org

教育理想國示範教師教育計畫報導

www.edutopia.org/schools-of-education-boston

土桑市「以藝術打開心智」影片與文章

www.edutopia.org/arts-opening-minds-integration-video

YES預備學校的影片

www.edutopia.org/yes-prep-parent-involvement-video

YES預備學校的契約

yesprep.org/downloads/Contract.English.pdf

6 青春鋒面

艾倫・杜爾林的探險之旅網站

www.polarhusky.com

教育理想國的「數位世代」報導

www.Edutopia.org/digitalgeneration

「YES世代」網站

www.genyes.org

教育理想國「YES世代」影片及文章

www.edutopia.org/generation-yes-technology-training

跋：未來鋒面

《願景二〇二〇點二》報告

www2.ed.gov/about/offices/list/os/technology/plan/2004/site/documents/visions_20202.pdf

「二〇二〇年預測」

www.kwfdn.org/future_of_learning

「超越地平線」網站

www.beyondcurrenthorizons.org.uk

國家圖書館出版品預行編目資料

教育理想國 ：如何善用媒體、科技與創意，讓每個孩子都愛上學／陳明德（Milton Chen）著；
楊琦，許恬寧譯.
一 初版.一 臺北市：大塊文化，2012.11
面；　　公分.-- (from ; 86)
譯自：Education nation : six leading edges of innovation in our schools
ISBN　978-986-213-376-7 (平裝)

1.教育行政 2.學校管理

526　　　　101020250

LOCUS

LOCUS

L O C U S

LOCUS